Inglés instantáneo

Inglés instantáneo

Ing. Sergio Alejandro Sanchinelli Rodríguez
Ing. Edwin David Sanchinelli Rodríguez

Olibros
en red
www.librosenred.com

Dirección General: Marcelo Perazolo
Dirección de Contenidos: Ivana Basset
Diseño de cubierta: Daniela Ferrán
Diagramación de interiores: Guillermo W. Alegre

Primera edición en español - Impresión bajo demanda

© LibrosEnRed, 2008
Una marca registrada de Amertown International S.A.

ISBN: 978-1-59754-448-1

Para encargar más copias de este libro o conocer otros libros de esta colección visite www.librosenred.com

A **Jesucristo,** *nuestro* **Señor** *y* **Salvador.**
En Quien están escondidos todos
los tesoros de la Sabiduría y del
Conocimiento.

Colosenses, 2:3

Prólogo

El **propósito fundamental** de este libro es proporcionar las **bases** o **fundamentos** del idioma **inglés**, añadiendo a ello el **desarrollo** ordenado de los demás elementos integrales de dicho idioma.

Si comparamos esto con la construcción de una casa, diríamos que estamos proporcionando los **cimientos** de esta, para edificar sobre ellos el **aprendizaje** del inglés en forma **directa** (sin rodeos), **rápida** y **correcta**, por lo que estamos introduciendo el **concepto** de un **inglés estructural**, el cual **agiliza notablemente** el aprendizaje y resalta el título de este libro.

El **contenido** de este libro ha sido ordenado en **cinco temas básicos**, que enseñan, prioritariamente, el fundamento gramatical y práctico del inglés, agregando **dos componentes básicos**: los **anexos** y los **apéndices**.

Los primeros son un **compendio de las reglas básicas y aspectos gramaticales importantes del inglés**, y los segundos, un **conjunto de elementos y herramientas necesarios para el estudio del inglés**.

Además, se le ha dado una **atención denodada** a la **pronunciación adecuada**, usando para ello un sistema sencillo, al que hemos llamado **Sistema Fonético Simplificado (S.F.S.)**, que aprovecha las **características fonéticas y entonaciones** del **español**, lo cual es novedoso y eficaz.

Por último, recalcamos que el objetivo de este libro es el aprendizaje **directo** y **rápido** (en tiempo **record**), pero en forma **correcta** del **inglés**, para que, después, al agregar la **práctica constante**, el **incremento de vocabulario** y el **enriquecimiento de conocimientos útiles**, se pueda seguir la ruta hacia el perfeccionamiento del idioma.

CLAVE DE PRONUNCIACIÓN

A) Sistema de pronunciación: el sistema empleado en este libro lo hemos implementado y desarrollado con la idea básica de facilitar el buen entendimiento, la **familiarización** y el aprendizaje de la pronunciación del inglés, a través de lo que hemos llamado **Sistema de Pronunciación Simplificada (S.P.S.)**, que consiste en aprovechar las características fonéticas del español (entonaciones, símbolos ortográficos, etc.), llegando a los sonidos de pronunciación más **aproximados** al inglés, de la manera más sencilla posible.

B) Indicaciones: todas las *es* estarán indicadas entre paréntesis y con letras *cursivas (fff)*.

C) Funcionamiento: la dificultad en la pronunciación del inglés reside en que, aunque conozcamos los sonidos originales de vocales y consonantes (véase apéndice A), cuando estos elementos se interrelacionan para formar palabras, se produce, generalmente, una gama de sonidos, no así en el español, en el cual, sin importar dichas interrelaciones, siempre se conservan los sonidos originales de vocales y consonantes.

El sistema planteado consiste, precisamente, en aprovechar este hecho, usando las herramientas fonéticas del español.

D) Operación del S.P.S.: recordar que no nos concentraremos en cómo se forman los sonidos del inglés, sino en asimilar la serie de *pronunciaciones* recopiladas, auxiliándonos en la fonética española, con el propósito de lograr una **familiarización** progresiva y un nivel de *pronunciación* **eficazmente práctico.**

Los elementos que intervendrán en las *pronunciaciones* dadas son:

1. Vocales *(a, e, i, o, u)*: *pronunciar* con sus sonidos en español.

2. Consonantes

2.1) *(b, c, d, f, g, j, k, l, m, n, p, s, t, v, w, y, z)*: *pronunciar* con sus sonidos en español.

2.2) (h, q, x): no las emplearemos por las siguientes razones:

h: no tiene sonido en español.

q: preferimos utilizar la "k", por ser más sencillo y claro su uso.

Ejemplo:
Working *(uórking)* es más sencillo que *(uórquing).*

x: la *pronunciación* más cercana de palabras en inglés con "x" es una combinación de una vocal + "g" o una vocal + "k", o sólo "s".

Ejemplos:
1. **To exalt**
(tu egsált)
Exaltar
2. **Excellent**
(ékselent)
Excelente

3. Xyst
(síst)
Galería, pórtico

2.3) *(r)*: cuando aparezca en las *pronunciaciones* proporcionadas, no se piense que suena como la "r" española, sino que se debe aprender especialmente su sonido, el cual se articula así: colocar la punta de la lengua hacia atrás, sin tocar contra nada, mandíbula baja, y suena en la garganta y no vibra en la lengua. Para asimilarlo en forma sencilla, basta con escuchar su uso en conversaciones en inglés, lo cual hoy en día es bastante usual, a través de programas de televisión, películas subtituladas, etcétera.

2.4) *(g, w, y)*: consideraciones especiales:

(g): cuando aparezca en las *pronunciaciones* acompañada de las vocales "ue" y "ui", *pronunciar* como en las palabras "guerra" y "guitarra", respectivamente.

Ejemplos:
1. **To get**
(tu guet)
Conseguir, llegar

2. Gift
(guift)
Regalo, don
(w): poco usual en español, pero cuando aparezca, la *pronunciaremos* como en "Washington".

Ejemplo:
1. **Would** *(wud)*: sirve para formar el modo potencial.

(y): la *pronunciaremos* como en la palabra "yeso".

Ejemplos:
1. **June**
(yun)
Junio

3. Símbolos

3.1) Doble vocal *(aa)*, *(ee)*, *(ii)*, *(oo)*, *(uu)*: indicará sonido más prolongado (doble tiempo).

Ejemplo:
1. **Feet**
(fiit)
Pies

3.2) Tilde (acento ortográfico) *(´)*: indicará el punto donde se acentúa una palabra.

Ejemplo:
1. **Relative**
(rélativ)
Pariente

3.3) Doble *s* *(ss)*: indicará una "s" más intensa, como la que se escucha en español en la palabra "mismo".

Ejemplo:
1. **Zero**
(ssírou)
Cero

4. Sonidos especiales:

4.1) *(sh)*: sonido como el emitido en español al pedir silencio.

4.2) *(ch)*: sonido de la "ch" española, como en "chorro".

NOTAS IMPORTANTES:
Debe entenderse que este sistema consiste en asimilar las *pronunciaciones* proporcionadas, conformadas para aprovechar la facilidad de la fonética del español y, de esta manera, lograr una **familiarización** con los sonidos del inglés, adquiriendo **conocimiento** e **intuición** en cuanto a la *pronunciación*, logrando aproximaciones de sonidos realmente eficaces, para un beneficio práctico.

Por lo anterior, en este libro se han recopilado las *pronunciaciones* desde la primera hasta la última palabra en inglés que aparece.

MÉTODO DE ESTUDIO

Previo a iniciar el desarrollo, consideramos necesario dar un conjunto de **instrucciones**, al que hemos llamado **método de estudio**, que es un **mapa** que nos indica la ruta **directa** para llegar al **objetivo**, que es el aprendizaje **básico, rápido y correcto** del idioma inglés, por lo cual se considera **indispensable** leerlo y asimilarlo antes y durante el estudio del contenido del libro.

1. Este libro debe estudiarse considerando un **panorama global**, fijándose en las **bases** del inglés proporcionadas en él, y tomando en cuenta los aspectos o detalles, pero sin perderse en ellos.

2. En el **tema 1**, lo fundamental es entender la **clasificación básica** y el **funcionamiento** de los **verbos** en inglés.

3. En el **tema 2**, lo fundamental es aprender a **armar** una oración y las construcciones **afirmativas, interrogativas, negativas** e **interrogativas negativas**, observando para ello cómo se usan los verbos <u>auxiliares</u>.

4. En el **tema 3**, lo fundamental es aprender y memorizar el **modelo típico de conjugación** de los **verbos** en inglés, observando principalmente **personas, modos y tiempos**.

5. Los **temas 1, 2 y 3** constituyen la **columna vertebral** del libro, pues dan **el funcionamiento típico gramatical** del inglés, de una manera **clara, directa** y **sencilla**, por lo cual deben ser estudiados cuidadosa y conjuntamente, hasta estar seguros de haber aprendido y memorizado los **conceptos básicos**.

6. En el **tema 4**, lo fundamental es **memorizar** los **modismos** o **expresiones idiomáticas** en forma gradual y constante, y **aprender cómo se aplican** (ver ejemplos).

El manejo suficiente de **modismos** permitirá un grado de fluidez adecuada al hablar. Dicha memorización puede hacerse con la siguiente técnica:

6.1) Clasificándolos por **familias**.

Ejemplos:
Familia de los "all" *(ool)*:
1. **All day long**
(ool déi long)
Todo el día

2. **All at once**
(ool at uáns)
Repentinamente, de pronto

Familia de los "to be" *(tu bi)*:
1. **To be in charge of**
(tu bi in charsh ov)
Estar a cargo de

2. **To be in love**
(tu bi in lav)
Estar enamorado/a

Familia de los "to take" *(tu téic)*:
1. **To take off**
(tu téic of)
Despegar, quitarse

2. **To take on**
(tu téic on)
Emplear

6.2) Aprovechar la **literalidad**.

Ejemplos:
1. **To fall in love**
(tu fool in lav)
Caer en amor (literal)
Enamorarse (interpretativo)

2. **To have a good time**
(tu jav e gud táim)
Tener un buen tiempo (literal)
Divertirse (interpretativo)

3. **To hear from**
(tu jíer from)
Oír de (literal)
Recibir noticias de (interpretativo)

6.3) Comprobación de **memorización**: los **modismos** se colocaron en este libro de una manera específica, para poder cubrir con una hoja o una regla el **significado**, la **pronunciación** o el **modismo**, y así ir comprobando la memorización de cada uno de ellos.

Se debe procurar memorizar la mayor cantidad de modismos posibles y observar cómo se aplican, usando las **herra-**

mientas gramaticales proporcionadas en los **temas 1, 2 y 3**, y los ejemplos de **aplicación** del mismo **tema 4**. Se puede continuar con el siguiente tema, regresar a este, repasando los **modismos** memorizados, y **memorizar** nuevos, procurando aplicarlos.

7. En cuanto al **tema 5**, lo fundamental es usarlo como un **resumen de conocimientos generales y conceptos** del inglés, sobre aspectos elementales de uso cotidiano.

8. Con respecto a los **anexos**, lo fundamental es consultarlos constantemente como un **compendio de las reglas principales y aspectos gramaticales más importantes** que deben seguirse para el aprendizaje correcto del inglés, y constituyen también un **complemento básico** para los **temas 1, 2 y 3**.

9. En cuanto a los **apéndices**, lo fundamental es aprovecharlos como **un conjunto de elementos que se requerirán para estudiar el inglés**, destacándose aquí lo que hemos denominado **Vocabulario Temático Básico (V.T.B.)**, que es una recopilación de palabras de uso cotidiano, ordenadas por temas. También, destaca la **lista de verbos regulares e irregulares** (con **todas** sus respectivas *pronunciaciones*), proporcionando para los regulares las reglas de *pronunciación* para la terminación "ed" en los tiempos correspondientes, es decir, pasado y participio pasado.

10. En cuanto a la *pronunciación*, por ser un elemento tan importante, la hemos enfatizado, colocándola así: entre paréntesis y en *cursiva*, para todas las palabras y expresiones en inglés utilizadas, haciendo uso de lo que hemos denominado **Sistema Fonético Simplificado (S.F.S.)**, en el que se aprovechan las características fonéticas propias del idioma español, con sus entonaciones y acentos, con lo cual se facilita y agiliza

el aprendizaje para adquirir la **familiaridad** e **intuición** necesarias, desarrollando un grado de pronunciación adecuadamente **util** y **práctico**.

11. A continuación, resumimos los **elementos básicos** o las **bases** del inglés que proporciona este libro, en los cuales se debe enfocar para lograr el objetivo: el aprendizaje **básico, rápido** y **correcto** del idioma.

A) **Clasificación básica de los verbos** en inglés (**tema 1**).

B) **Construcción de oraciones**, aplicando los verbos auxiliares: **afirmativas, interrogativas, negativas** e **interrogativas negativas** (**tema 2**).

C) **Conjugación típica de los verbos en inglés** (**tema 3**).

D) **Modismos más usuales del inglés americano** (**tema 4**).

E) **Conocimientos elementales de uso cotidiano en el inglés** (**tema 5**).

F) **Reglas básicas y aspectos gramaticales básicos del inglés** (**anexos**).

G) **Elementos básicos para el estudio del inglés** (**apéndices**).

Tema 1: Verbos (clasificación básica)

A) PRIMARIOS:

Según nuestro enfoque didáctico, serán aquellos (auxiliares) de los cuales **dependen** todos los secundarios para la formación general de oraciones.

Los identificaremos con doble subrayado.

B) SECUNDARIOS:

Llamaremos así a los **dependientes** de los primarios (auxiliares).

Los identificaremos con subrayado punteado.

Dichos secundarios serán todos los regulares e irregulares, sólo exceptuando a "to be" "to do" y "to have" (aunque irregulares, son también tres de los auxiliares básicos, o sea, primarios, según nuestro enfoque didactico).

C) ESPECIALES:

Llamaremos así a aquellos que tienen **ciertas características y carencias**, por lo que son conocidos como (defectivos).

Los identificaremos con tachado horizontal.

Estos defectivos **no dependen** de los auxiliares.

A) Primarios:

A.1) Verbos auxiliares

Inglés	Pronunciación	Español (significado)
To be	(tu bi)	Ser o estar
To do	(tu du)	Hacer
To have	(tu jav)	Haber, tener
Will	(uíl)	Voluntad
Shall	(shal)	Orden o mandato

A.1.1)

To be	was, were	been
(tu bi)	(uóss), (uér)	(biin)
Ser o estar	Fue o estaba, estuvo	Sido o estado
Infinitivo	Pasado	Participio pasado

Se usa básicamente en la voz pasiva y formas de acción progresiva.

Ejemplos:

1. He is helped   (Voz pasiva en presente)
(ji is jelpt)
Él es ayudado

2. He is working   (Acción progresiva en presente)
(ji is uórking)
Él está trabajando

3. He was helped   (Voz pasiva en pasado)
(ji uóss jelpt)
Él fue ayudado

4. He was working   (Acción progresiva en pasado)
(ji uóss uórking)
Él estuvo trabajando

NOTAS IMPORTANTES:

En inglés, las terminaciones en "g" se pronuncian suavemente (casi no se escucha).

A.1.2)

To do	did	done
(tu du)	*(did)*	*(dan)*
Hacer	Hizo, hicieron	Hecho
Infinitivo	Pasado	Participio pasado

Se usa fundamentalmente para construir oraciones interrogativas, negativas e interrogativas negativas.

Ejemplos:

1. **Do** you **work?**　　(Forma interrogativa, presente)
(du yu uórc?)
¿Trabaja usted?

2. You **do** not **work**　(Forma negativa, presente)
(yu du not uórc)
Usted no trabaja

3. **Do** you not **work?**　　(Forma interrogativa negativa, presente)
(du yu not uórc?)
¿No trabaja usted?

4. **Did** he **work?**　　(Forma interrogativa, pasado)
(did ji uórc?)
¿Trabajó él?

5. He **did** not **work**　(Forma negativa, pasado)
(ji did not uórc)
Él no trabajó

6. **Did he not work?** (**Forma interrogativa negativa, pasado**)
(did ji not uórc?)
¿No trabajó él?

NOTAS IMPORTANTES:

Las contracciones "don't" *(dont)*, de "do not" *(du not)*, y "didn't" *(dídent)*, de "did not" *(did not)*, son bastante usadas.

Ejemplos:

1. **You don't work** (**Forma negativa, presente**)
(yu dont uórc)
Usted no trabaja

2. **Don't we work?** (**Forma interrogativa negativa, presente**)
(dont uí uórc?)
¿No trabajamos nosotros?

3. **They didn't work** (**Forma negativa, pasado**)
(déi dídent uórc)
Ellos no trabajaron

4. **Didn't you work?** (**Forma interrogativa negativa, pasado**)
(dídent yu uórc?)
¿No trabajó usted?

A.1.3)	To have	had	had
	(tu jav)	*(jad)*	*(jad)*
	Haber, tener	Hubo, había, tuvo, tenía	Habido, tenido
	Infinitivo	Pasado	Participio pasado

Se usan específicamente en la formación de los llamados tiempos perfectos.

NOTAS IMPORTANTES:

Cuando "<u>to have</u>" se use como "tener", será **secundario**, y sólo cuando se use como "haber" será <u>auxiliar</u> (formando los llamados **tiempos perfectos**).

Ejemplos:
Presente perfecto
1. **I <u>have</u> come**
(ái jav com)
Yo he venido

2. **He <u>has</u> eaten**
(ji jas íten)
Él ha comido

3. **We <u>have</u> learned**
(uí jav lernd)
Nosotros hemos aprendido

Pasado perfecto
1. **I <u>had</u> come**
(ái jad com)
Yo había venido

2. **He <u>had</u> eaten**
(ji jad íten)
Él había comido

3. **We <u>had</u> learned**
(uí jad lernd)
Nosotros habíamos aprendido

A.1.4) "<u>Will</u>" *(uíl)* y "<u>shall</u>" *(shal)*: se usan ambos para la formación general del tiempo futuro.

Ejemplos:

1. I **will** work
(ái uíl uórc)
Yo trabajaré

2. You **shall** come
(yu shal com)
Usted vendrá

3. He **shall** eat
(ji shal it)
Él comerá

4. We **will** play
(uí uíl pléi)
Nosotros jugaremos

NOTAS IMPORTANTES:
En los textos anteriores, hemos colocado entre paréntesis y con letra cursiva las respectivas *pronunciaciones*. Téngase en cuenta que toda *pronunciación* se indicará de esta manera.

B) Secundarios:

B.1) Regulares: son aquellos cuyos tiempos pasados y participios pasados **se forman siempre** añadiendo "d" o "ed" a sus raíces.

Ejemplos:

Verbo regular	Pasado	Participio pasado	Significado
To talk	talked	talked	Hablar
(tu toc)	(toct)	(toct)	
To believe	believed	believed	Creer
(tu bilív)	(bilívd)	(bilívd)	

Verbo regular	Pasado	Participio pasado	Significado
To call	called	called	Llamar
(tu cool)	*(coold)*	*(coold)*	
To clean	cleaned	cleaned	Limpiar
(tu clin)	*(clind)*	*(clind)*	
To live	lived	lived	Vivir
(tu liv)	*(livd)*	*(livd)*	

B.2) Irregulares: son aquellos cuyos tiempos pasados y participios pasados **no** se forman, en general, añadiendo "d" ni "ed" a sus raíces.

Ejemplos:

Verbo irregular	Pasado	Participio pasado	Significado
To eat	ate	eaten	Comer
(tu it)	(éit)	(íten)	
To begin	began	begun	Empezar
(tu biguín)	(biguén)	(bigán)	
To build	built	built	Construir
(tu bild)	*(bilt)*	*(bilt)*	
To choose	chose	chosen	Escoger
(tu chuus)	(chos)	(chósen)	
To come	came	come	Venir
(tu com)	*(kéim)*	*(com)*	
To cut	cut	cut	Cortar
(tu cat)	*(cat)*	*(cat)*	

B.3) Características de los verbos regulares e irregulares

B.3.1) Transitividad: cuando se transfiere la acción.

Ejemplos:
1. **Jesus loves us**
(yísos lavs os)
Jesús nos ama

2. She knows Peter
(shi nóus píter)
Ella conoce a Pedro

B.3.2) Intransitividad: cuando la acción recae en el que la ejecuta (no se transfiere).

Ejemplos:
1. **It takes a lot of time**
(it téics e lot ov táim)
Ello toma mucho tiempo

2. **They run fast**
(déi ran fast)
Ellos corren aprisa

3. **We often come here**
(uí ófen com jíer)
Nostros a menudo venimos aquí

B.3.3) Reflexibilidad: cuando la acción recae en uno mismo.

Ejemplos:
1. **He controls himself**
(ji cóntrols jimsélf)
Él se controla (a sí mismo)

2. **She sees herself**
(shi siis jersélf)
Ella se ve (a sí misma)

NOTAS IMPORTANTES:
Como se puede observar en los ejemplos anteriores, cuando aparece un verbo secundario (sea regular o irregular) en tiem-

po **presente** (del modo indicativo) con la **tercera persona del singular** ("he", "she", "it") *(ji, shi, it)*, debe añadirse una "s" al final de dicho verbo.

C) ~~Especiales:~~

C.1) ~~Defectivos:~~ estos verbos carecen de algunos tiempos, es decir que son incompletos, y son los siguientes: "~~can~~" *(can)*, "~~may~~" *(méi)*, "~~must~~" *(mast)*, "~~ought to~~" *(oot tu)*, "~~might~~" *(máit)*, "~~could~~" *(cud)*, "~~would~~" *(wud)* y "~~should~~" *(shud)*.

C.1.1) "~~Can~~" *(can)* y "~~may~~" *(méi)*: aunque ambos significan "poder", tienen interpretaciones distintas. "~~Can~~" expresa el poder directo de hacer algo y "~~may~~" indica la probabilidad o posibilidad de hacer algo.

Ejemplos:
1. I ~~can~~ ~~come~~
(ái can com)
(Yo) puedo venir

2. I ~~may~~ ~~come~~
(ái méi com)
(Yo) puedo venir (puede que venga)

C.1.2) "~~Must~~" *(mast)* y "~~ought to~~" *(oot tu)*: la traducción de "~~must~~" es "tener que hacer algo" en forma imperiosa o urgente, mientras que "~~ought to~~" señala el deber de hacer algo.

Ejemplos:
1. I ~~must~~ ~~go~~ back home
(ái mast góu bac jóum)
(Yo) tengo que regresar a casa

2. **I ~~ought to~~ be there at ten**
(ái oot to bi déar at ten)
(Yo) debo estar allí a las diez

C.1.3) "~~Might~~" *(máit)* **y "~~could~~"** *(cud)***:** ambos se utilizan para indicar la posibilidad futura de hacer algo.

Ejemplos:
1. **I ~~could~~ buy this car**
(ái cud bái dis car)
(Yo) podría comprar este carro

2. **I ~~might~~ study here**
(ái máit stádi jíer)
(Yo) podría estudiar aquí

C.1.4) "~~Would~~" *(wud)* **y "~~should~~"** *(shud)***:** ambos se usan para formar el modo potencial de cualquier verbo, aunque "~~should~~" significa también "debería".

Ejemplos:
1. **I ~~would~~ work**
(ái wud uórc)
Yo trabajaría

2. **You ~~should~~ work**
(yu shud uórc)
Usted trabajaría o usted debería trabajar

NOTAS IMPORTANTES:

1. En los ejemplos anteriores, sólo presentamos construcciones afirmativas; sin embargo, es importante considerar los demás tipos de construcciones con los ~~defectivos~~.

Ejemplos:

1. ~~Can~~ they pląy̱ tennis?
(can déi pléi ténis?)
¿Pueden ellos jugar tenis?

2. He ~~can~~ not ṛụn̥ very fast
(ji can not ran véri fast)
Él no puede correr muy aprisa

3. ~~May~~ I gǫ to the park with you?
(méi ái góu tu de parc uíz yu?)
¿Puedo ir al parque con usted?

4. ~~Must~~ I gǫ to the farm tonight?
(mast ái góu tu the farm tunáit?)
¿Tengo que ir a la granja esta noche?

5. ~~Could~~ we cǫmę̱ tomorrow?
(cud uí com tumórou?)
¿Podríamos venir mañana?

6. You ~~should~~ not ḍṛịn̥k̥ so much coffee
(yu shud not drinc sóu mach cófi)
Usted no debería tomar tanto café

       1   2
7. ~~Would~~ you ḷịkę̱ tǫ t̥ąk̥ę̱ a walk?
(wud yu láic tu téic e uóc?)
¿Le gustaría dar un paseo?

2. Se debe observar que, cuando se usa un verbo ~~defectivo~~, el verbo que lo acompaña no requiere del uso de "to" para formar su infinitivo.

Ejemplos:

1. **I ~~must~~ go̜**   **Correcto**
(ái mast góu)
(Yo) tengo que ir
I must to go   **Incorrecto**

2. **You ~~should~~ e̜a̜t̜**   **Correcto**
(yu shud it)
Usted debería comer
You should to eat   **Incorrecto**

3. **He ~~can~~ co̜m̜e̜**   **Correcto**
(ji can com)
Él puede venir
He can to come   **Incorrecto**

3. Al poner entre paréntesis el pronombre en español (como en el ejemplo 1 anterior), indicamos que este puede ser omitido.

Tema 2: Construcción de oraciones o enunciados

A) Partes de una oración

A.1) Sujeto (pronombre o sustantivo): de quién se habla.

A.2) Verbo: indica acción o movimiento.

A.3) Adjetivo: califica al sustantivo.

A.4) Predicado o complemento: lo que se dice del sujeto.

Ejemplos:

1.

			Adjetivo	
He	**is**	a	**tall**	**man**
Sujeto	**Verbo**		**Predicado**	

(ji is e tool man)
Él es un hombre alto

2.

			Adjetivo	
Mary	**is**	a	**nice**	**girl**
Sujeto	**Verbo**		**Predicado**	

(méri is e náis guerl)
María es una niña agradable

3. The children   **s̩t̩u̩d̩y̩**   in this school
       Sujeto   **V̩e̩r̩b̩o̩**   **Predicado**
    (de chíldren stádi in dis scuul)
    Los niños estudian en este colegio

B) Tipos de oraciones, según su construcción

B.1) Afirmativas

B.2) Interrogativas

B.3) Negativas

B.4) Interrogativas negativas

B.1) Afirmativas:

Se forman, en general, colocando primero el sujeto; luego, el verbo (si se usa <u>auxiliar</u>, este se ubica primero); a continuación, el s̩e̩c̩u̩n̩d̩a̩r̩i̩o̩ o a̩u̩x̩i̩l̩i̩a̩d̩o̩; y, por último, el predicado.

Ejemplos:

           1   **2**   **3**   **4**
1. **Peter and John** <u>**shall**</u> **p̩l̩a̩y̩** **in our team**
    Sujeto   **Auxiliar A̩u̩x̩i̩l̩i̩a̩d̩o̩ Predicado**
    (píter and yon shal pléi in áuer tim)
    Pedro y Juan jugarán en nuestro equipo

2. **Mary**   **usually**   **g̩e̩t̩s̩ up** **early on Mondays**
    Sujeto   **Adverbio**   **V̩e̩r̩b̩o̩**   **Predicado**
              de tiempo
    (méri yúshuali guets ap érli on móndeis)
    María usualmente se levanta temprano los lunes

Adjetivo
3. **You** <u>**are**</u> **a good student**
   Sujeto <u>Verbo</u> Predicado
   (yu ar e gud stádent)
   Usted es un buen estudiante

B.2) Interrogativas:

Esta construcción se forma siempre colocando primero el verbo <u>auxiliar</u>, seguido del sujeto, el verbo a̱u̱x̱i̱ḻi̱a̱ḏo̱ y, por último, el predicado.

Ejemplos:

   1   2   3   4
1. <u>**Have**</u> **you** ḻe̱a̱ṟṉe̱ḏ **the lesson?**
   <u>Auxiliar</u> Sujeto A̱u̱x̱i̱ḻi̱a̱ḏo̱ Predicado
   (jav yu lernd de léson?)
   ¿Ha (usted) aprendido la lección?

2. <u>**Are**</u> **they** w̱o̱ṟḵi̱ṉg̱ **in the factory?**
   <u>Auxiliar</u> Sujeto A̱u̱x̱i̱ḻi̱a̱ḏo̱ Predicado
                  (en gerundio)
   (ar déi uórking in the fáctori?)
   ¿Están ellos trabajando en la fábrica?

3. <u>**Do**</u> **you** g̱o̱ **to the movies?**
   <u>Auxiliar</u> Sujeto A̱u̱x̱i̱ḻi̱a̱ḏo̱ Predicado
   (du yu góu tu de múvis?)
   ¿Va (usted) al cine?

NOTAS IMPORTANTES:

El <u>auxiliar</u> "<u>to do</u>" es requerido siempre para hacer cualquier pregunta en inglés, y todos los verbos (exceptuando, como es obvio, los demás <u>auxiliares</u> y ~~defectivos~~) necesitan de este para su construcción interrogativa.

Ejemplos:

1. Do you go to the beach?
(du yu góu tu de biich?)
¿Van ustedes a la playa?

2. Does she like dancing?
(dos shi láic dáncing?)
¿Le gusta a ella bailar?

3. Does he like fishing?
(dos ji láic fishing?)
¿Le gusta a él pescar?

4. Do they usually travel?
(du déi iúshuali trável?)
¿Viajan ellos usualmente?

5. Did you eat?
(did yu it?)
¿Comió usted?

6. Did she like playing tennis?
(did shi láic pléying ténis?)
¿Le gustaba a ella jugar tenis?

NOTAS IMPORTANTES:

Es importante observar, en los ejemplos anteriores, que cuando se usa "did" (pasado del auxiliar "to do"), esto **le da el carácter de pasado** al verbo secundario (auxiliado) que acompaña.

Por otro lado, obsérvese, cuando hay un adverbio, dónde debe ser ubicado.

B.3) Negativas:

Para la construcción negativa, se usa generalmente el adverbio "not" *(not)*. Primero, se coloca el sujeto; después, el auxiliar que se esté usando; luego, el adverbio "not", seguido del verbo secundario; y, finalmente, el predicado.

Ejemplos:

	1	2	3	4	5

1. | She | **will** | not | go | to the meeting |

    Sujeto **Auxiliar**   Auxiliado Predicado

           Adverbio

    (shi uíl not góu tu de míiting)

    Ella no irá a la reunión

2. | They | **are** not | studing | enough |

    Sujeto   **Auxiliar**   Auxiliado   Predicado

              Adverbio   (en gerundio)

    (déi ar not stáding inóf)

    Ellos no están estudiando suficiente

3. | He | **does** not | have | a car |

    Sujeto   **Auxiliar**   Auxiliado Predicado

              Adverbio

    (ji dos not jav e car)

    Él no tiene carro

NOTAS IMPORTANTES:

Al igual que la construcción interrogativa, la negativa requiere siempre del auxiliar "to do" para formarse (excepto cuando se usan los otros auxiliares y ~~defectivos~~). Por otro lado, el adverbio "not" puede formar las llamadas **contracciones** con los auxiliares (véase apéndice C).

Ejemplos:

1. He <u>doesn't</u> pḷạỵ guitar
   (ji dósent pléi guitár)
   Él no toca guitarra
   Contracción: "<u>doesn't</u>", de "<u>does not</u>"

2. We <u>didn't</u> ṣṭụḍỵ for the exam
   (uí dídent stádi for di egssám)
   Nosotros no estudiamos para el examen
   Contracción: "<u>didn't</u>", de "<u>did not</u>"

3. You <u>aren't</u> ṛẹạḍịṇg the newspaper
   (yu árent ríding de niúspéiper)
   Usted no está leyendo el periódico
   Contracción: "<u>aren't</u>", de "<u>are not</u>"

NOTAS IMPORTANTES:

Nótese en ejemplos anteriores que, cuando el verbo "<u>to be</u>" aparece **solo**, no está **auxiliando** a ningún otro, pues se está usando sólo con su significado. También, observamos que un verbo ṣẹçụṇḍạṛịọ puede usarse de igual manera **solo** (sin <u>auxiliar</u>), únicamente en la construcción afirmativa.

B.4) Interrogativas negativas:

Como su nombre lo indica, esta construcción es una combinación de ambas: interrogativa y negativa. En ellas se usa también el adverbio "not" y, en general, siempre se ordena así: primero se coloca el <u>auxiliar</u>; luego, el sujeto; después de este, el adverbio "not"; a continuación, el verbo ạụxịḷịạḍọ; y, por último, el predicado. Si se usa contracción, esta se coloca primero (antes del sujeto).

Ejemplos:

    1   2   3   4   5

1. **Does** he not pl̩ay̩ tennis on Mondays?
   Auxiliar Sujeto Adverbio A̩ux̩il̩i̩ad̩o̩   Predicado
   (dos ji not pléi ténis on móndeis?)
   O **Doesn't** he pl̩ay̩ tennis on Mondays?
   (dósent ji pléi ténis on móndeis?)
   ¿No juega él tenis los lunes?

2. **Are** they not at the party? o **Aren't** they at the party?
   (ar déi not at de párti?) o (árent déi at de párti?)
   ¿No están ellos en la fiesta?

3. **Was** he not there? o **Wasn't** he there?
   (uóss ji not déar?) o (uóssent ji déar?)
   ¿No estuvo él allí?

4. **Did** you not go̩ to the school? o **Didn't** you go̩ to the shool?
   (did yu not góu tu de scuul?) o (dídent yu góu tu de scuul?)
   ¿No fue usted al colegio?

5. **Is** she not at the office? o **Isn't** she at the office?
   (is shi not at di ófis?) o (ísent shi at di ófis?)
   ¿No está ella en la oficina?

6. **Has** she not a̩rr̩iv̩ed̩ yet? o **Hasn't** she a̩rr̩iv̩ed̩ yet?
   (jas shi not aráivd yet?) o (jásent shi aráivd yet?)
   ¿No ha llegado ella todavía?

7. **Will** we not c̩om̩e̩ tomorrow? o **Won't** we c̩om̩e̩ tomorrow?
   (uíl uí not com tumórou?) o (uónt uí com tumórou?)
   ¿No vendremos mañana?

8. **Do you not p̣lạy baseball?** o **Don't you p̣lạy baseball?**
(du yu not pléi béisbol?) o *(dont yu pléi béisbol?)*
¿No juega usted béisbol?

NOTAS IMPORTANTES:
1. Las indicaciones entre paréntesis **literal** e **interpretativa** se refieren a la traducción **calcada** y a la **aplicada**, respectivamente. La primera puede ser útil para la memorización y comparación, y la segunda, necesaria para el correcto aprendizaje. Téngase en cuenta que, de aquí en adelante, lo indicaremos así: literal **(L)** e interpretativa **(I)**.

2. Al estudiar los ejemplos anteriores, es importante hacer notar que la utilización de contracciones es de lo más usual, especialmente al hablar.

3. En inglés, la "r" se *pronuncia* muy diferente que en español, pues su sonido es más suave. Se genera en la garganta y no en la lengua, lo cual se puede aprender escuchando conversaciones en inglés (por ejemplo, a través de películas, programas de televisión, etcétera).

B.5) La afirmación enfática:

En esta construcción, el verbo auxiliar "to do" *(tu du)* se usa para afirmar enfáticamente en inglés, como se usa la palabra "sí" en español.

Ejemplos:
1. **He ṣpẹạḳṣ English**   **Afirmación**
(ji spics ínglish)
Él habla inglés
He does ṣpẹạḳ English   **Afirmación enfática**
(ji dos spic ínglish)
Él sí habla inglés

2. **I çạmẹ to the meeting**   **Afirmación**

40

(ái kéim tu de míiting)
Yo vine a la reunión
I did çǫmę to the meeting   Afirmación enfática
(ái did com tu de míiting)
Yo sí vine a la reunión

C) Respuestas cortas

Para responder preguntas en forma corta, se usan también los auxiliares.

Ejemplos:
1. **Do you wǫrk every day?**
(du yu uórc éveri déi?)
¿Trabaja usted todos los días?
R: Yes, I do o No, I do not
(yes, ái du) o *(nóu, ái du not)*
Sí, yo sí **(L)**
Sí, lo hago **(I)**
O No, yo no **(L)**
No, no lo hago **(I)**

2. **Does she hąvę a car?**
(dos shi jav e car?)
¿Tiene ella carro?
A (answer): Yes, she does o No, she does not
(yes, shi dos) o *(nóu, shi dos not)*
Sí, ella sí **(L)**
Sí, sí tiene **(I)**
O No, ella no **(L)**
No, no tiene **(I)**

3. **Is he slęepįng now?**
(is ji slíiping náu?)
¿Está él durmiendo ahora?

A: Yes, he is o No, he is not
(yes, ji is) o (nóu, ji is not)
Sí, él está **(L)**
Sí, está durmiendo **(I)**
O No, no está **(L)**
No, no está durmiendo **(I)**

4. Shall they pay us soon?
(shal déi péi us suun?)
¿Nos pagarán ellos pronto?
A: Yes, they shall o No, they shall not
(yes, déi shal) o (nóu déi shal not)
Sí, lo harán **(I)**
O No, no lo harán **(I)**

5. Should he come tomorrow?
(shud ji com tomórou?)
¿Debería él venir mañana?
A: Yes, he should o No, he should not
(yes, ji shud) o (nóu, ji shud not)
Sí, debería **(L)**
Sí, debería venir **(I)**
O No, no debería **(L)**
No, no debería venir **(I)**

NOTAS IMPORTANTES:
Es muy usual también la utilización de contracciones para las respuestas cortas negativas.

Ejemplos:
1. **No, she doesn't**   En lugar de   **No, she does not**
   (nóu, shi dósent)   *(nóu, she dos not)*

2. **No, he isn't**   En lugar de   **No, he is not**
   (nóu, ji ísent)   *(nóu, ji is not)*

3. **No, we won't**   En lugar de   **No, we will not**
   (*nóu, uí uónt*)   (*nóu, uí uíl not*)

D) Preguntas consecuentes:

Hemos llamado así a aquellas preguntas que son consecutivas a un antecedente afirmativo o negativo, y son el equivalente en inglés a las expresiones del español "¿no es cierto?" o "¿verdad?".

Ejemplos:
1. **You <u>are</u> hungry, <u>are</u> you not?**
(*yu ar jángri, ar yu not?*)
Usted tiene hambre, ¿no es cierto?

2. **He <u>came</u> yesterday, <u>did</u> he not?**
(*ji kéim yésterdi, did ji not?*)
Él vino ayer, ¿no es cierto?

3. **It <s>may</s> <u>rain</u> later, <s>may</s> it not?**
(*it méi réin, méi it not?*)
Puede llover más tarde, ¿no es cierto?

4. **I <u>have</u> not <u>finished</u> yet, <u>have</u> I?**
(*ái jav not fínish yet, jav ái?*)
Yo no he terminado todavía, ¿verdad?

5. **You <u>shall</u> not <u>go</u>, <u>shall</u> you?**
(*yu shal not góu, shal yu?*)
Usted no irá, ¿verdad?

6. **They <u>were</u> not there, <u>were</u> they?**
(*déi uér not déar, uér déi?*)
Ellos no estuvieron allí, ¿verdad?

NOTAS IMPORTANTES:

1. Debe notarse, en los ejemplos anteriores, lo siguiente: cuando el antecedente es **afirmativo**, la pregunta consecuente será **interrogativa negativa** (ejemplos 1, 2 y 3), y cuando el antecedente es **negativo**, la pregunta consecuente será **interrogativa** (ejemplos 4, 5 y 6).

2. También, se suelen usar con gran frecuencia contracciones para efectuar las preguntas consecuentes, cuando se responden en la forma interrogativa negativa.

Ejemplos:

1. **You are hungry, aren't you?** En lugar de ... **are you not?**
(yu ar jángri, árent yu?)   *(ar yu not?)*
Usted tiene hambre, ¿no es cierto?

2. **He came yesterday, didn't he?**   En lugar de ... **did he not?**
(ji kéim yésterdi, dídent ji?)   *(did ji not?)*
Él vino ayer, ¿no es cierto?

3. **It may rain later, mayn't it?**   En lugar de ... **may it not?**
(it méi réin léiter, méint it?)   *(méi it not?)*
Puede llover más tarde, ¿no es cierto?

E) Pronombres

E.1) Pronombres personales y reflexivos: los pronombres **personales** tienen la función de identificar personas, sustituyendo el nombre propio, como, por ejemplo, "él" en lugar de Juan; en inglés, "he" *(ji)* en lugar de John.

Los **reflexivos** indican un énfasis especial para las personas que identifican, por ejemplo, "él mismo" para "él"; en inglés, "himself" *(jimsélf)* para "he" *(ji)*.

44

Personal		**Reflexivo**	
Personas del singular		**Personas del singular**	
I	Yo	**Myself**	Yo mismo,
(ái)	*(maisélf)*		mí mismo

Personal		**Reflexivo**	
Personas del singular		**Personas del singular**	
You	Usted o tú	**Yourself**	Usted mismo,
(yu)	*(yursélf)*		tú mismo
He	Él	**Himself**	Él mismo
(ji)	*(jimsélf)*		
She	Ella	**Herself**	Ella misma
(shi)	*(jersélf)*		
It	Ello	**Itself**	Ello mismo
(it)	*(itsélf)*		

Personal		**Reflexivo**	
Personas del plural		**Personas del plural**	
We	Nosotros	**Ourselves**	Nosotros mismos
(uí)		*(auersélvs)*	
You	Ustedes o	**Yourselves**	Ustedes mismos,
(yu)	vosotros	*(yursélvs)*	vosotros mismos
They	Ellos o ellas	**Themselves**	Ellos mismos,
(déi)	*(demsélvs)*	ellas mismas	

E.2) Pronombres objetivos: es fundamental comprender el funcionamiento de este tipo de pronombres para desarrollar el aprendizaje correcto del inglés, por lo que debe **recalcarse** la importancia de llegar a dicha comprensión para lograr tal desarrollo.

Los pronombres objetivos indican hacia quién se dirige la acción, por eso son llamados así.

Nominal
Personas del singular

I *(ái)*	Yo
You *(yu)*	Usted, tú a usted, a ti
He *(ji)*	Él
She *(shi)*	Ella
It *(it)*	Ello

Pronombre objetivo
Personas del singular

Me *(mi)*	Me, a mí
You *(yu)*	Le, te,
Him *(jim)*	Le, lo, a él
Her *(jer)*	Le, la, a ella
It *(it)*	Lo, a ello

Personas del plural

We *(uí)*	Nosotros a nosotros-as
You *(yu)*	Ustedes, vosotros-as
They *(déi)*	Ellos, ellas

Personas del plural

Us *(os)*	Nos,
You *(yu)*	Les, a ustedes, os, a vosotros-as
Them *(dem)*	Les, los, las, a ellos, a ellas

Ejemplos:
Singular

1. He gaγę **me** a pencil
(ji guéiv mí e péncil)
Él **me** dio un lápiz **(I)**
Él dio **a mí** un lápiz **(L)**

2. I ļọγę **you**
(ái lav yu) o *(ái láviu)*
(Yo) **te** amo **(I)**
Yo amo **a ti** **(L)**

3. She ḅrọụghṭ **him** a book
(shi broot jim e buc)
Ella **le** trajo un libro **(I)**
Ella trajo **a él** un libro **(L)**

4. I see **her** every day
(ái sii jer éveri déi)
Yo **la** veo todos los días **(I)**
Yo veo **a ella** todos los días **(L)**

5. I understand **it**
(ái andersténd it)
(Yo) **lo** entiendo **(I)**
Yo entiendo **a ello (L)**
Plural

6. She visits **us** on weekends
(shi vísits os on uiikénds)
Ella **nos** visita los fines de semana **(I)**
Ella visita **a nosotros** los fines de semana **(L)**

7. I bring **you** this gift
(ái bring yu dis gift)
(Yo) **les** traje este regalo **(I)**
Yo traje **a ustedes** este regalo **(L)**

8. He met **them** there
(ji met dem déar)
Él **los** conoció allí **(I)**
Él conoció **a ellos** allí **(L)**

NOTAS IMPORTANTES:

El propósito de incluir traducciones **literales (L)** en los ejemplos anteriores es porque resulta útil para entender el concepto de los pronombres objetivos, pues recalcamos que su comprensión es **fundamental** en el aprendizaje del inglés.

Deben observarse, también, en dichos ejemplos (2, 5 y 7), en las traducciones **interpretativas (I)**, los pronombres personales encerrados entre paréntesis, lo cual nos indica que, en español, dichos pronombres pueden omitirse, por estar sobreentendidos, a no ser que se pretenda dar un énfasis especial (como en el ejemplo 4).

E.3) Pronombres demostrativos: como su nombre lo indica, estos señalan con énfasis al sustantivo (persona o cosa).

Singular
This *(dis)*	Esto
This one *(dis uán)*	Este, esta
That *(dat)*	Eso
That one *(dat uán)*	Ese, esa, aquel, aquella

Plural
These *(diis)*	Estos, estas
Those *(dóus)*	Esos, esas, aquellos, aquellas

E.4) Pronombres interrogativos: como es obvio, son utilizados para preguntar.

Sólo para personas
Who? *(ju?)*	¿Quién?, ¿quiénes?
Whom? *(jum?)*	¿A quién?, ¿a quiénes?
Whose? *(jus?)*	¿De quién?, ¿de quiénes?
With whom? *(uíz jum?)*	¿Con quién?, ¿con quiénes?

Para cosas
What? *(uát?)*	¿Qué?
Of what? *(ov uát?)*	¿De qué?
With what? *(uíz uát?)*	¿Con qué?

Para personas, animales o cosas
Which? *(uích?)*	¿Cuál?, ¿cuáles?

Para hacer preguntas básicas relacionadas con modo, averiguación, tiempo, lugar, cantidad y duración, usamos los siguientes elementos:

How? *(jáu?)*	¿Cómo?
Why? *(uái?)*	¿Por qué?
When? *(uén?)*	¿Cuándo?
Where? *(uér?)*	¿Dónde?
How much? *(jáu mach?)*	¿Cuánto?
How many? *(jáu méni?)*	¿Cuántos?
How long? *(jáu long?)*	¿Cuánto tiempo?

E.5) Pronombres posesivos: son aquellos que indican posesión o pertenencia.

Para las personas del singular

My *(mái)*	Mi
Mine *(máin)*	El mío, la mía, los míos, las mías
Your *(yur)*	Su, tu
Yours *(yurs)*	El suyo, la suya, el tuyo, la tuya, los suyos, las suyas, los tuyos, las tuyas
His *(jis)*	Su (de él)
His *(jis)*	El suyo, la suya, los suyos, las suyas
Her *(jer)*	Su (de ella)
Hers *(jers)*	El suyo, la suya, los suyos, las suyas
Its *(its)*	Su (de ello)
Its *(its)*	El suyo, la suya, los suyos, las suyas

Para las personas del plural

Our *(áuer)*	Nuestro-a, nuestro-as
Ours *(áuers)*	El nuestro, la nuestra, los nuestros, las nuestras
Your *(yur)*	Su, sus, vuestro-a, vuestros-as

Yours *(yurs)*	El suyo, el vuestro, la vuestra, los suyos, los vuestros, las vuestras
Their *(déir)*	Su, sus
Theirs *(déirs)*	El suyo, la suya, los suyos, las suyas

NOTAS IMPORTANTES:
Los pronombres posesivos con "s" se usan al final.

Ejemplo:
This car is yours
(dis car is yurs)
Este carro es suyo

F) Artículos

F.1) Indeterminados
A, an *(e, an)*   Un, una

F.2) Determinados
The *(de, di)*   El, la, lo, los, las

NOTAS IMPORTANTES:
1. "A" se usa antes del sonido de una consonante, y "an", antes del sonido de una vocal, y tienen ambos el mismo significado.

Ejemplo:
1. **A table** *(e téibol)*
Una mesa
An orange *(an óransh)*
Una naranja

2. "The" se pronuncia *(de)* antes del sonido de una consonante, y *(di)*, antes del sonido de una vocal.

Ejemplo:
1. **The book** *(de buc)*
El libro
The ideas *(di aidías)*
Las ideas

Tema 3: Conjugación general

A) Tiempos:

Son los que indican cuándo se realiza la acción, y los básicos son **presente, pasado** y **futuro**. De estos se derivan las diferentes modalidades de tiempos, por ejemplo, presente perfecto, pasado perfecto, etcétera.

B) Modos:

Son los que indican las diferentes formas en las cuales se presenta la acción. Son **infinitivo, indicativo, imperativo, potencial** y **subjuntivo**.

B.1) Infinitivo: Expresa únicamente el significado del verbo y no indica persona, tiempo ni número.

Ejemplos:

1. To eat
(*tu it*)
Comer

2. To run

(tu ran)

Correr

3. To buy

(tu bái)

Comprar

NOTAS IMPORTANTES:

En inglés, el infinitivo de un verbo se forma anteponiendo "to" *(tu)* a su raíz, tal como se observa en los ejemplos anteriores, aunque también se puede formar al añadir "ing" a su raíz, cuando se usa después de una preposición.

Ejemplos:

1. **I get tired of cooking**

(ái get táird ov cúuking)

Me pongo cansado de cocinar

2. **I have been thinking about studing English**

(ái jav biin zínking abáut stáding ínglish)

He estado pensando acerca de estudiar inglés

Además de lo anterior, los verbos pueden usarse en su estado, por decirlo así, **primitivo**, o en su sentido **original**, o adquirir un significado **general** al añadir "ing" a sus raíces, lo cual es equivalente, en español, al efecto que resulta al anteponer "el" a los verbos.

Ejemplos:

1. To live

(tu liv)

Vivir

Living

(líving)

El vivir o la vida

2. To fish

(tu fish)

Pescar

Fishing

(físhing)

El pescar o la pesca

Hay **verbos específicos** que tienden a usarse con los verbos en su estado primitivo, tales como "to like" *(tu láic)*, "to quit" *(tu cuít)*, "to stop" *(tu stop)*, "to give up" *(tu giv ap)*, "to hate" *(tu jéit)*, "to go" *(tu góu)*, "to mind" *(tu máind)*, "to start" *(tu start)* y "to finish" *(tu fínish)*, que significan "gustar", "dejar", "parar", "rendirse", "odiar", "ir", "importar", "empezar" y "terminar", respectivamente.

Ejemplos:

      1   2

1. He **quitted smoking** a long time ago

(ji cuítid smóuking e long táim egóu)

Él dejó de fumar hace mucho tiempo **(I)**

Él dejó el fumar hace mucho tiempo **(L)**

O Él dejó el cigarro hace mucho tiempo **(I)**

    1   2
2. <u>Do</u> you like fishing?

(du yu láic fishing?)

¿Le gusta pescar? **(I)**

¿Le gusta el pescar? **(L)**

O ¿Le gusta la pesca? **(I)**

    1   2
3. Stop speaking! Please

(stop spíking! pliis)

¡Pare de hablar, por favor!

B.2) Indicativo: como su nombre lo expresa, describe la forma en la cual se realiza la acción, definiendo **persona, tiempo** y **número.**

B.3) Imperativo: es llamado así porque le imprime orden o mandato a la acción, y se expresa en dos formas: **afirmativa** y **negativa.**

B.4) Potencial: de su nombre se deduce que expresa el potencial o la posibilidad de realizar algo. Hay dos tipos: **imperfecto** y **perfecto.**

B.5) Subjuntivo: expresa cierto énfasis en cómo se realiza la acción.

NOTAS IMPORTANTES:

1. En la siguiente sección, se presentará en forma detallada la **conjugación general típica** de un verbo, lo cual aclarará los conceptos anteriores y proporcionará la **herramienta gramatical básica** para las construcciones en inglés.

2. Debe darse cuenta de que "you" *(yu)* significa "usted" o "tú" en singular, y "ustedes" o "vosotros" en plural. En español, se distingue el tutear; en inglés, la percepción de tutear se asume de acuerdo con el grado de confianza que se tenga.

C) Conjugación típica del verbo regular "to work"

Modo infinitivo

To work *(tu uórc)*	Trabajar **(presente)**
To have worked *(tu jav uórct)*	Haber trabajado **(pasado)**
Working *(uórking)*	Trabajando **(participio presente o gerundio)**
Worked *(uórct)*	Trabajado **(participio pasado)**
Having worked *(jáving uórct)*	Habiendo trabajado **(participio perfecto)**

57

Modo indicativo

Presente

I work *(ái uórc)*	Yo trabajo
You work *(yu uórc)*	Usted trabaja
	o tú trabajas
He works *(ji uórcs)*	Él trabaja
She works *(shi uórcs)*	Ella trabaja
It works *(it uórcs)*	Ello trabaja
We work *(uí uórc)*	Nosotros trabajamos
You work *(yu uórc)*	Ustedes trabajan
	o vosotros trabajáis
They work *(déi uórc)*	Ellos-as trabajan

Pasado indefinido

I worked *(ái uórct)*	Yo trabajé
You worked *(yu uórct)*	Usted trabajó
	o tú trabajaste
He worked *(ji uórct)*	Él trabajó
She worked *(shi uórct)*	Ella trabajó
It worked *(it uórct)*	Ello trabajó
We worked *(uí uórct)*	Nosotros trabajamos
You worked *(yu uórct)*	Ustedes trabajaron
	o vosotros trabajasteis
They worked *(déi uórct)*	Ellos-as trabajaron

Presente perfecto

I <u>have</u> worked *(ái jav uórct)*	Yo he trabajado
You <u>have</u> worked *(yu jav uórct)*	Usted ha trabajado o tú has trabajado
He <u>has</u> worked *(ji jas uórct)*	Él ha trabajado
She <u>has</u> worked *(ji jas uórct)*	Ella ha trabajado
It <u>has</u> worked *(it jas uórct)*	Ello ha trabajado
We <u>have</u> worked *(uí jav uórct)*	Nosotros hemos trabajado
You <u>have</u> worked *(yu jav uórct)*	Ustedes han trabajado o vosotros habéis trabajado
They <u>have</u> worked *(déi jav uórct)*	Ellos-as han trabajado

Pasado perfecto

I <u>had</u> worked *(ái jad uórct)*	Yo había trabajado
You <u>had</u> worked *(yu jad uórct)*	Usted había trabajado o tú habías trabajado
He <u>had</u> worked *(ji jad uórct)*	Él había trabajado
She <u>had</u> worked *(shi jad uórct)*	Ella había trabajado
It <u>had</u> worked *(it jad uórct)*	Ello había trabajado
We <u>had</u> worked *(uí jad uórct)*	Nosotros habíamos trabajado
You <u>had</u> worked *(yu jad uórct)*	Ustedes habían trabajado o vosotros habíais trabajado
They <u>had</u> worked *(déi jad uórct)*	Ellos-as habían trabajado

Futuro imperfecto

I **will** w̱o̱ṟḵ *(ái uíl uórc)*   Yo trabajaré

You **shall** w̱o̱ṟḵ *(yu shal uórc)*   Usted trabajará

       o tú trabajarás

He **shall** w̱o̱ṟḵ *(ji shal uórc)*   Él trabajará

She **shall** w̱o̱ṟḵ *(shi shal uórc)*   Ella trabajará

It **shall** w̱o̱ṟḵ *(it shal uórc)*   Ello trabajará

We **will** w̱o̱ṟḵ *(uí uíl uórc)*   Nosotros trabajaremos

You **shall** w̱o̱ṟḵ *(yu shal uórc)*   Ustedes trabajarán

       o vosotros trabajaréis

They **shall** w̱o̱ṟḵ *(déi shal uórc)* Ellos-as trabajarán

Futuro perfecto

I **will** **have** w̱o̱ṟḵe̱d *(ái uíl jav uórct)*   Yo habré trabajado

You **shall** **have** w̱o̱ṟḵe̱d *(yu shal jav uórct)* Usted habrá

                                     trabajado

                                     o tú habrás trabajado

He **shall** **have** w̱o̱ṟḵe̱d *(ji shal jav uórct)*   Él habrá trabajado

She **shall** **have** w̱o̱ṟḵe̱d *(shi shal jav uórct)* Ella habrá Trabajado

It **shall** **have** w̱o̱ṟḵe̱d *(it shal jav uórct)*   Ello habrá trabajado

We **will** **have** w̱o̱ṟḵe̱d *(uí uíl jav uórct)*   Nosotros habremos

                                     trabajado

You **shall** **have** w̱o̱ṟḵe̱d *(yu shal jav uórct)* Ustedes habrán

                                     trabajado o vosotros

                                     habréis trabajado

They **shall** **have** w̱o̱ṟḵe̱d *(déi shal jav uórct)*   Ellos-as

                                     habrán trabajado

NOTAS IMPORTANTES:

En inglés, hay dos tipos de futuro: **con determinación** y **ordinario.**

El **con determinación** (que usamos en la conjugación presentada) usa, para las personas "I" (*ái*), "yo"; y "we" (*uí*), "nosotros", el auxiliar "will", y para las demás, "shall", mientras que, en el **ordinario**, se usa el auxiliar "shall" para estas mismas dos personas y, para las demás, "will", es decir, a la inversa del con determinación.

Modo imperativo

Forma afirmativa

Let me work *(let mi uórc)*	Trabaje yo
Work *(uórc)*	Trabaje (usted)
	o trabaja (tú)
Let him work *(let jim uórc)*	Trabaje él
Let her work *(let jer uórc)*	Trabaje ella
Let it work *(let it uórc)*	Trabaje ello
Let us work *(let os uórc)*	Trabajemos (nosotros)
Work *(uórc)*	Trabajen (ustedes)
	o trabajad (vosotros)
Let them work *(let dem uórc)*	Trabajen ellos-as

Forma negativa

L̟et̟ me not ẉọṛḳ *(let mi not uórc)*	No trabaje yo
Do̲ not ẉọṛḳ *(du not uórc)*	No trabaje (usted)
	o no trabajes (tú)
L̟et̟ him not ẉọṛḳ *(let jim not uórc)*	No trabaje él
L̟et̟ her not ẉọṛḳ *(let jer not uórc)*	No trabaje ella
L̟et̟ it not ẉọṛḳ *(let it not uórc)*	No trabaje ello
L̟et̟ us not ẉọṛḳ *(let os not uórc)*	No trabajemos
	(nosotros)
Do̲ not ẉọṛḳ *(du not uórc)*	No trabajen (ustedes)
	o no trabajéis
	(vosotros)
L̟et̟ them not ẉọṛḳ *(let dem not uórc)*	No trabajen ellos-as

NOTAS IMPORTANTES:

1. Debe observarse el uso del verbo "t̟ọ .lε̟t̟" *(tu let)* en la formación del modo **imperativo**, el cual, como se observa, se usa para todas las personas (del singular y del plural), excepto para "you" *(yu)* (en singular y en plural).

El verbo "t̟ọ .lε̟t̟" *(tu let)* es un verbo irregular que tiene para este modo esa importante **función**, y cuyo significado es "permitir, "dejar".

Otra cosa importante es que la contracción "let's" *(lets)* de "let us" *(let os)* es bastante usada.

2. En la forma negativa para "you" *(yu)* (tanto en singular como en plural), hemos usado "do not work" *(du not uórc)*, pero es más usual con la contracción, es decir, "don't work" *(dont uórc)*.

Modo potencial

Imperfecto

I ~~would~~ w̜o̜r̜k̜ *(ái wud uórc)*	Yo trabajaría
You ~~would~~ w̜o̜r̜k̜ *(yu wud uórc)*	Usted trabajaría
	o tú trabajarías
He ~~would~~ w̜o̜r̜k̜ *(ji wud uórc)*	Él trabajaría
She ~~would~~ w̜o̜r̜k̜ *(shi wud uórc)*	Ella trabajaría
It ~~would~~ w̜o̜r̜k̜ *(it wud uórc)*	Ello trabajaría
We ~~would~~ w̜o̜r̜k̜ *(uí wud uórc)*	Nosotros trabajaríamos
You ~~would~~ w̜o̜r̜k̜ *(yu wud uórc)*	Ustedes trabajarían
	o vosotros trabajaríais
They ~~would~~ w̜o̜r̜k̜ *(déi wud uórc)*	Ellos-as trabajarían

Perfecto

I ~~would~~ <u>have</u> w̜o̜r̜k̜e̜d̜ *(ái wud jav uórct)*	Yo habría trabajado
You ~~would~~ <u>have</u> w̜o̜r̜k̜e̜d̜ *(yu wud jav uórct)*	Usted habría trabajado o tú habrías trabajado
He ~~would~~ <u>have</u> w̜o̜r̜k̜e̜d̜ *(ji wud jav uórct)*	Él habría trabajado
She ~~would~~ <u>have</u> w̜o̜r̜k̜e̜d̜ *(shi wud jav uórct)*	Ella habría trabajado
It ~~would~~ <u>have</u> w̜o̜r̜k̜e̜d̜ *(it wud jav uórct)*	Ello habría trabajado

We would have worked *(uí wud jav uórct)*	Nosotros habríamos trabajado
You would have worked *(yu wud jav uórct)*	Ustedes habrían trabajado o vosotros habríais trabajado
They would have worked *(déi wud jav uórct)*	Ellos-as habrían trabajado

Modo subjuntivo

Presente

That I work *(dat ái uórc)*	Que yo trabaje
That you work *(dat yu uórc)*	Que usted trabaje o que tú trabajes
That he work *(dat ji uórc)*	Que él trabaje
That she work *(dat shi uórc)*	Que ella trabaje
That it work *(dat it uórc)*	Que ello trabaje
That we work *(dat uí uórc)*	Que nosotros trabajemos
That you work *(dat yu uórc)*	Que ustedes trabajen o que vosotros trabajéis
That they work *(dat déi uórc)*	Que ellos-as trabajen

Pasado imperfecto

That I worked *(dat ái uórct)*	Que yo trabajara

	o trabajase
That you ̱wo̱ṟke̱ḏ *(dat yu uórct)*	Que usted trabajara
	o trabajase,
	que tú trabajaras
	o trabajases
That he ̱wo̱ṟke̱ḏ *(dat ji uórct)*	Que él trabajara
	o trabajase
That she ̱wo̱ṟke̱ḏ *(dat shi uórct)*	Que ella trabajara
	o trabajase
That it ̱wo̱ṟke̱ḏ *(dat it uórct)*	Que ello trabajara
	o trabajase
That we ̱wo̱ṟke̱ḏ *(dat uíuórct)*	Que nosotros trabajáramos
	o trabajásemos
That you ̱wo̱ṟke̱ḏ *(dat yu uórct)*	Que ustedes trabajaran
	o trabajasen,
	que vosotros trabajarais
	o trabajaseis
That they ̱wo̱ṟke̱ḏ *(dat déi uórct)*	Que ellos-as trabajaran
	o trabajasen

Presente perfecto

That I <u>have</u> ̱wo̱ṟke̱ḏ *(dat ái jav uórct)*	Que yo haya trabajado
That you <u>have</u> ̱wo̱ṟke̱ḏ *(dat yu jav uórct)*	Que usted haya trabajado o que tú hayas trabajado

That he <u>have</u> <u>worked</u>	Que él haya trabajado
(dat ji jav uórct)	
That she <u>have</u> <u>worked</u>	Que ella haya trabajado
(dat shi jav uórct)	
That it <u>have</u> <u>worked</u>	Que ello haya trabajado
(dat it jav uórct)	
That we <u>have</u> <u>worked</u>	Que nosotros hayamos
(dat uí jav uórct)	trabajado
That you <u>have</u> <u>worked</u>	Que ustedes hayan
(dat yu jav uórct)	trabajado
	o que vosotros hayáis
	trabajado
That they <u>have</u> <u>worked</u>	Que ellos-as hayan
(dat déi jav uórct)	trabajado

NOTAS IMPORTANTES:

Es importante observar que, en el modo subjuntivo, **no se agrega "s"** al conjugar las terceras personas del singular ("he", "she", "it") *(ji, shi, it)* en el presente.

Además, nótese que, en el presente perfecto, **se usa "<u>have</u>" para todas las personas.** Por otro lado, "that" *(dat)* puede, en ocasiones, omitirse y quedar sobreentendido, aunque al usarlo da un énfasis especial.

Pasado perfecto

If I <u>had</u> <u>worked</u> *(if ái jad uórct)*	Si yo hubiera
	o hubiese trabajado
If you <u>had</u> <u>worked</u> *(if yu jad uórct)*	Si usted hubiera
	o hubiese trabajado,

	si tú hubieras
	o hubieses trabajado
If he <u>had</u> worked *(if ji jad uórct)*	Si él hubiera
	o hubiese trabajado
If she <u>had</u> worked *(if shi jad uórct)*	Si ella hubiera
	o hubiese trabajado
If it <u>had</u> worked *(if it jad uórct)*	Si ello hubiera
	o hubiese trabajado
If we <u>had</u> worked *(if uí jad uórct)*	Si nosotros
	hubiéramos o
	hubiésemos trabajado
If you <u>had</u> worked *(if yu jad uórct)*	Si ustedes hubieran
	o hubiesen trabajado,
	si vosotros hubierais
	o hubieseis trabajado
If they <u>had</u> worked *(if déi jad uórct)*	Si ellos-as hubieran
	o hubiesen trabajado

Futuro imperfecto

If I ~~would~~ work *(if ái wud uórc)*	Si yo trabajare
If you ~~would~~ work *(if yu wud uórc)*	Si usted trabajare
	o si tú trabajares
If he ~~would~~ work *(if ji wud uórc)*	Si él trabajare
If she ~~would~~ work *(if shi wud uórc)*	Si ella trabajare
If it ~~would~~ work *(if shi wud uórc)*	Si ello trabajare
If we ~~would~~ work *(if uí wud uórc)*	Si nosotros
	trabajáremos

If you ~~would~~ w̲o̲r̲k̲ *(if yu wud uórc)*   Si ustedes trabajaren
o si vosotros
trabajareis

If they ~~would~~ w̲o̲r̲k̲ *(if déi wud uórc)*   Si ellos-as trabajaren

Futuro perfecto

If I ~~would~~ have w̲o̲r̲k̲e̲d̲   Si yo hubiere
(if ái wud jav uórct)   trabajado

If you ~~would~~ have w̲o̲r̲k̲e̲d̲   Si usted hubiere
(if yu wud jav uórct)   trabajado o si tú
hubieres trabajado

If he ~~would~~ have w̲o̲r̲k̲e̲d̲   Si él hubiere trabajado
(if ji wud jav uórct)

If she ~~would~~ have w̲o̲r̲k̲e̲d̲   Si ella hubiere
(if shi wud jav uórct)   trabajado

If it ~~would~~ have w̲o̲r̲k̲e̲d̲   Si ello hubiere
(if it wud jav uórct)   trabajado

If we ~~would~~ have w̲o̲r̲k̲e̲d̲   Si nosotros
(if uí wud jav uórct)   hubiéremos trabajado

If you ~~would~~ have w̲o̲r̲k̲e̲d̲   Si ustedes hubieren
(if yu wud jav uórct)   trabajado o si vosotros
hubiereis trabajado

If they ~~would~~ have w̲o̲r̲k̲e̲d̲   Si ellos-as hubieren
(if déi wud jav uórct)   trabajado

NOTAS IMPORTANTES:

1. Nótese cómo se interrelacionan los verbos **defectivos**, **auxiliares** y **secundarios** en las conjugaciones donde intervienen.

2. Nótese cómo, en el modo **subjuntivo**, se forman los tiempos futuro imperfecto y futuro perfecto, haciendo uso del verbo defectivo "would".

3. La **conjugacion típica** para los verbos regulares sigue el mismo **patrón** que para los **irregulares**, sólo considerando que deben usarse los **pasados** y los **participios pasados** correspondientes a unos y otros (véase apéndice D: Verbos regulares e irregulares).

D) Conjugación básica del verbo auxiliar "to be" *(tu bi)*, "ser" o "estar"

Presente

I **am** *(ái am)*	Yo soy o estoy
You **are** *(yu ar)*	Usted es o está,
	tú eres o estás
He **is** *(ji is)*	Él es o está
She **is** *(shi is)*	Ella es o está
It **is** *(it is)*	Ello es o está
We **are** *(uí ar)*	Nosotros somos
	o estamos
You **are** *(yu ar)*	Ustedes son o están,
	vosotros sois o estáis
They **are** *(déi ar)*	Ellos-as son o están

Pasado

I **was** *(ái uóss)*	Yo fui o estuve
You **were** *(yu uér)*	Usted fue o estuvo, tú fuiste o estuviste
He **was** *(ji uóss)*	Él fue o estuvo
She **was** *(shi uér)*	Ella fue o estuvo
It **was** *(it uóss)*	Ello fue o estuvo
We **were** *(uí uér)*	Nosotros fuimos o estuvimos
You **were** *(yu uér)*	Ustedes fueron o estuvieron, vosotros fuisteis o estuvisteis
They **were** *(déi uér)*	Ellos-as fueron o estuvieron

Futuro

I **will be** *(ái uíl bi)*	Yo seré o estaré
You **shall be** *(yu shal bi)*	Usted será o estará, tú serás o estarás
He **shall be** *(ji shal bi)*	Él será o estará
She **shall be** *(shi shal bi)*	Ella será o estará
It **shall be** *(it shal bi)*	Ello será o estará
We **will be** *(uí uíl bi)*	Nosotros seremos o estaremos
You **shall be** *(yu shal bi)*	Ustedes serán o estarán, vosotros seréis o estaréis
They **shall be** *(déi shal bi)*	Ellos-as serán o estarán

NOTAS IMPORTANTES:

1. Según nuestro enfoque didáctico, hemos clasificado los verbos en **primarios**, ~~secundarios~~ y ~~especiales~~, situando así a los verbos **auxiliares "to be"**, **"to do"** y **"to have"** dentro de los **primarios**, pero debe recordarse que los mismos, por tener pasados y participios pasados que **no se forman** agregando "d" ni "ed" a sus raíces, son también, por esa característica gramatical, **irregulares**.

2. En esta sección, se conjugó el verbo **"to be"** en los **tres tiempos básicos** (**presente**, **pasado** y **futuro**), pero es sencillo obtener su conjugación general siguiendo el patrón de conjugación proporcionado en la anterior sección C). Obsérvese también en los anexos, sección 4.8) Verbo "to be" en conjugaciones especiales. Y, por último, nótese que, aunque el verbo **"to be"** sea **auxiliar**, cuando se conjuga en **futuro**, necesita también del uso de **"will"** y **"shall"** para que le den el carácter de **futuro**.

E) Conjugación básica del verbo compuesto "to be able to *(tu bi éibol tu)*, **"ser capaz de"** o **"estar capacitado para"**, equivalentes a "poder"**

Presente

I **am** able to *(ái am éibol tu)*	Yo puedo
You **are** able to *(yu ar éibol tu)*	Usted puede,
	tú puedes
He **is** able to *(ji is éibol tu)*	Él puede
She **is** able to *(shi is éibol tu)*	Ella puede
It **is** able to *(it is éibol tu)*	Ello puede
We **are** able to *(uí ar éibol tu)*	Nosotros podemos
You **are** able to *(yu ar éibol tu)*	Ustedes pueden,
	vosotros podéis
They **are** able to *(déi ar éibol tu)*	Ellos-as pueden

Pasado

I <u>was</u> able to *(ái uóss éibol tu)*	Yo pude
You <u>were</u> able to *(yu uér éibol tu)*	Usted pudo,
	tú pudiste
He <u>was</u> able to *(ji uóss éibol tu)*	Él pudo
She <u>was</u> able to *(shi uóss éibol tu)*	Ella pudo
It <u>was</u> able to *(it uóss éibol tu)*	Ello pudo
We <u>were</u> able to *(uí uér éibol tu)*	Nosotros pudimos
You <u>were</u> able to *(yu uér éibol tu)*	Ustedes pudieron,
	vosotros pudísteis
They <u>were</u> able to *(déi uér éibol tu)*	Ellos-as pudieron

Futuro

I <u>will</u> <u>be</u> able to *(ái uíl bi éibol tu)*	Yo podré
You <u>shall</u> <u>be</u> able to *(ái shal bi éibol tu)*	Usted podrá,
	tú podrás
He <u>shall</u> <u>be</u> able to *(ji shal bi éibol tu)*	Él podrá
She <u>shall</u> <u>be</u> able to *(shi shal bi éibol tu)*	Ella podrá
It <u>shall</u> <u>be</u> able to *(it shal bi éibol tu)*	Ello podrá
We <u>will</u> <u>be</u> able to *(uí uíl bi éibol tu)*	Nosotros podremos
You <u>shall</u> <u>be</u> able to *(yu shal able tu)*	Ustedes podrán,
	vosotros podréis
They <u>shall</u> <u>be</u> able to *(déi shal bi éibol tu)*	Ellos-as podrán

NOTAS IMPORTANTES:

1. Es muy importante tener en cuenta que el verbo compuesto **"to be able to"** significa directamente en español **"ser capaz de"** (o **"estar capacitado para"**); sin embargo, también

debe usarse como **equivalente a "poder"**, lo cual resultará útil, pues, de esta manera, se encargará de **suplir** al **verbo defectivo "can"**, que, como ya se dijo, significa **"poder"**, y carece de algunos tiempos, como el futuro. Por ejemplo, no se puede decir "I will can come" *(ái uíl can com)*, sino que lo correcto es "I will be able to come" *(ái uíl bi éibol tu com)* para decir "yo podré venir".

2. En esta sección, incluimos la conjugación del verbo compuesto **"to be able to"** sólo en los tres tiempos básicos (presente, pasado y futuro), ya que las demás, en los diferentes modos y tiempos, se obtienen usando el **patrón de conjugación** mostrado anteriormente en la sección C).

Ejemplos:
1. **I have been able to**
(ái jav biin éibol tu)
Yo he podido (Yo he sido capaz de o Yo he estado capacitado para)
(Modo indicativo, presente perfecto)

2. **He would have been able to**
(ji wud jav biin éibol tu)
Él habría podido (Él habría sido capaz de o Él habría estado capacitado para)
(Modo potencial, perfecto)

Tema 4: Modismos principales

Los **modismos**, llamados en inglés **"idioms"** (*ídioms*), son expresiones idiomáticas propias de un país o región. En este tema, se hace una recopilación de los considerados de **uso cotidiano** en el inglés americano. Se incluye también una lista de modismos en español, con su respectiva aplicación al inglés.

Debe tenerse en cuenta que es necesario manejar una buena cantidad de **modismos** para lograr una fluidez adecuada al hablar en inglés, por lo cual, este tema es de suma importancia para el aprendizaje del idioma.

A) Modismos más usuales en el inglés americano

1. A-1
(*éi uán*)
Excelente, de primera

2. About face
(*abáut féis*)
Dar media vuelta, dar la espalda

3. Act of God
(*act ov god*)
Fenómeno fuera de control humano

4. All at once
(ool at uáns)
Repentinamente

5. All day long
(ool déi long)
Todo el día

6. All of a sudden
(ool ov e sáden)
De repente, de pronto

7. All right
(ool ráit)
Correcto, satisfactorio

8. All the same
(ool de séim)
A pesar de todo

9. All year round
(ool yíer ráund)
Todo el año

10. At all
(at ool)
En absoluto

11. At fault
(at folt)
Errado, equivocado, culpable de

12. At first sight
(at ferst sáit)
A primera vista, en el acto

13. At large
(at larsh)
Suelto, en libertad

14. At last
(at last)
Al fin, por fin

15. At once
(at uáns)
De inmediato

16. At one's finger tips
(at uáns fínguers tips)
A la mano, disponible

17. At sea
(at si)
Confuso, confundido

18. At times
(at táims)
A veces, por momentos

19. As a matter of fact
(as e mérer ov fact)
Por cierto, ciertamente, de seguro

20. As yet
(as yet)
Hasta ahora

21. Back and forth
(bac and forz)
De acá para allá

22. Back number
(bac námber)
Número atrasado (de revista, periódico, etcétera)

23. To back out
(tu bac áut)
Retirarse, echarse atrás, arrepentirse

24. To back up
(tu bac ap)
Retroceder, ir para atrás

25. Bad blood
(bad blod)
Antagonismo, enemistad, odio

26. Bag and baggage
(bag and báguesh)
Todas las pertenencias

27. To barge in
(tu barsh in)
Llegar de pronto, entrar sin permiso

28. To be about to...
(tu bi abáut tu...)
Estar a punto de...

29. To beat it
(tu bíiret)
Largarse

30. To be becoming
(tu bi bicóming)
Quedarle bien, sentarle bien

31. To be better off
(tu bi bérer of)
Estar mejor, convenir mejor

32. To be bound for...
(tu bi báund for...)
Ir rumbo a..., dirigirse a...

33. To be cut out for...
(tu bi cat áut for...)
Tener talento para...

34. To be in charge of
(tu bi in charsh ov)
Estar a cargo de

35. To be in love
(tu bi in lav)
Estar enamorado

36. To be in the way
(tu bi in di uéi)
Estorbar

37. To be over
(tu bi óuver)
Terminado

38. To be right
(tu bi ráit)
Tener razón

39. To be taken in
(tu bi téiken in)
Ser engañado

40. Behind bars
(bejáind bars)
Tras las rejas, en la cárcel

41. To believe in
(tu bilív in)
Creer en

42. Beside the point
(bisáid de póint)
No viene al caso

43. Better half
(bérer jaaf)
La esposa, la otra mitad

44. Big hand
(big jand)
Gran aplauso, ovación

45. Big shot
(big shot)
Personaje, alguien importante

46. Black and blue
(blac and bluu)
Golpeado, amoratado

47. Blind date
(bláind déit)
Cita a ciegas

48. To blow away
(tu blóu dáun)
Llevarse

49. To blow down
(tu blóu áut)
Derribarse

50. To blow out
(tu blóu áut)
Reventarse

51. To blow up
(tu blóu ap)
Explotar

52. To bounce out
(tu báuns áut)
Echar, botar bruscamente

53. Bound to
(báund tu)
Virtualmente, casi seguro

54. Brand-new
(brand-niú)
Nuevo por completo, nuevo de paquete

55. To break away
(tu bréic euéi)
Librarse, zafarse

56. To break in
(tu bréic in)
Estrenar

57. To break off
(tu bréic of)
Romper, terminar

58. To break the ice
(tu bréic di áis)
Romper el hielo, entrar en confianza

59. To bring back
(tu bring bac)
Devolver

60. To bring to light
(tu bring tu láit)
Descubrir, revelar, divulgar

61. To bring to mind
(tu bring tu máind)
Recordar, traer a la mente

62. Broken English
(bróuken ínglish)
· Inglés incorrecto, inglés mal hablado

63. To build up
(tu bild ap)
Construir

64. Burning hot
(bérning jot)
Hirviendo, demasiado caliente

65. To burn up
(tu bern ap)
Quemarse

66. To buy out
(tu bái áut)
Liquidar, comprar la parte de

67. To buy up
(tu bái ap)
Acaparar

68. By accident
(bái ácsident)
Por accidente

69. By air
(bái éar)
En avión, por aire

70. By all means
(bái ool mins)
De todos modos

71. To call in
(tu cool in)
Llamar, consultar, contratar

72. To call for
(tu cool for)
Venir a buscar

73. To call off
(tu cool of)
Cancelar

74. To call up
(tu cool ap)
Llamar por teléfono, intercomunicar

75. To calm down
(tu calm dáun)
Calmarse, tranquilizarse

76. To carry on
(tu cári on)
Continuar, llevar adelante, proseguir

77. To carry out
(tu cári áut)
Llevar a cabo, realizar

78. To catch cold
(tu catch cold)
Resfriarse

79. To catch fire
(tu catch fáier)
Incendiarse, inflamarse

80. To catch up
(tu catch ap)
Alcanzar, atrapar

81. To catch up with
(tu catch ap uíz)
Alcanzar a, emparejarse con

82. To change hands
(tu chéinch jands)
Cambiar de dueño, traspasar

83. To check up
(tu chec ap)
Inspeccionar

84. To chew the fat
(tu chiú de fat)
Chismear

85. To chip in
(tu chip in)
Contribuir, aportar

86. To clean out
(tu clin áut)
Limpiar

87. To come about
(tu com abáut)
Suceder, ocurrir

88. To come along
(tu com alóng)
Acompañar, escoltar

89. To come around
(tu com aráund)
Visitar al paso

90. To come from
(tu com from)
Venir de, provenir de, proceder de

91. To come over
(tu com óuver)
Salir, resultar

92. To come to terms
(tu com tu terms)
Acordar, convenir

93. To come true
(tu com truu)
Hacerse realidad

94. To count on
(tu cáunt on)
Contar con

95. To cut off
(tu cat of)
Cortar

96. Day by day
(déi bái déi)
Día a día, poco a poco

97. To die out
(tu dái áut)
Extinguirse, esfumarse

98. To do over
(tu du óuver)
Volver a hacer

99. Face down
(féis dáun)
Boca abajo, cara al suelo

100. Face to face
(féis tu féis)
Cara a cara, frente a frente

101. To fall behind
(tu fool bejáind)
Atrasarse, retrasarse

102. To fall in love
(tu fool in lav)
Enamorarse

103. To fall off
(tu fool of)
Disminuir, declinar, menguar

104. To fall to pieces
(tu fool tu píces)
Despedazarse, destrozarse

105. Fed up
(fed ap)
Harto, hastiado

106. To feel like
(tu fiil láic)
Tener ganas de

107. To feel sorry for
(tu fiil sóri for)
Tener lástima de

108. To figure up
(tu fígor ap)
Sacar la cuenta, calcular

109. To fill out
(tu fil áut)
Llenar

110. To fill up
(tu fil ap)
Rellenar

111. To find out
(tu fáind áut)
Averiguar

112. To fool around
(tu fuul aráund)
Bromear, bobear

113. For good
(for gud)
De una vez por todas

114. To give up
(tu giv ap)
Rendirse, dejar de hacer

115. To get away
(tu guet euéi)
Huír, escapar

116. To get back
(tu guet bac)
Regresar, volver

117. To get back to
(tu guet back tu)
Regresar a, volver a

118. To get better
(tu guet bérer)
Recuperar, mejorar

119. To get by
(tu guet bái)
Lograr pasar

120. To get dressed
(tu guet drest)
Vestirse

121. To get down
(tu guet dáun)
Bajar, agacharse

122. To get in
(tu guet in)
Entrar

123. To get into
(tu guet íntu)
Lograr entrar en

124. To get fatter
(tu guet fáter)
Engordar

125. To get even
(tu guet íven)
Vengarse

126. To get lost
(tu guet lost)
Perderse

127. To get married
(tu guet mérid)
Casarse

128. To get nervous
(tu guet nérves)
Ponerse nervioso-a

129. To get off
(tu guet of)
Bajarse

130. To get old
(tu guet óuld)
Envejecer

131. To get on
(tu guet on)
Subirse

132. To get out
(tu guet áut)
Salir

133. To get rid of
(tu guet rid ov)
Deshacerse de

134. To get sick
(tu guet sic)
Enfermarse

135. To get to the point
(tu guet tu de póint)
Ir al grano

136. To get ready
(tu guet rédi)
Prepararse, estar listo

137. To get rich
(tu guet rich)
Enriquecerse

138. To get up
(tu guet ap)
Levantarse

139. To get upset
(tu guet apsét)
Exaltarse, enojarse

140. To get wet
(tu guet uét)
Mojarse

141. To go and get
(tu góu and guet)
Ir a buscar

142. To go off
(tu góu of)
Explotar

143. To go on
(tu góu on)
Seguir, continuar

144. To go out
(tu góu áut)
Salir

145. To go shopping
(tu góu shóping)
Ir de compras

146. To go with
(tu góu uíz)
Hacer juego con

147. To go wrong
(tu góu rong)
Salir mal, fallar

148. To hang up
(tu jang ap)
Colgar

149. To have a good time
(tu jav e gud táim)
Divertirse

150. To have on
(tu jav on)
Tener puesto

151. To have to do with
(tu jav tu du uíz)
Tener que ver con

152. To hear from
(tu jíer from)
Recibir noticias de

153. To hold on
(tu jóuld on)
Agarrarse de, asirse de, sostenerse en

154. In a hurry
(in e jári)
Apurado-a, deprisa

155. In order to
(in órder tu)
Con el propósito de

156. To keep an eye on
(tu kiip an ái on)
Vigilar a

157. To keep in mind
(tu kiip in máind)
Tener en mente, recordar

158. To keep in touch with
(tu kiip in toch uíz)
Mantenerse en contacto con

159. To keep out
(tu kiip áut)
Mantenerse alejado, no entrar

160. To lay off
(tu léi of)
Despedir, dejar cesante

161. To let alone
(tu let alón)
Dejar tranquilo

162. To lie down
(tu lái dáun)
Acostarse

163. To look at
(tu luc at)
Mirar

164. To look for
(tu luc for)
Buscar

165. To look into it
(tu luc íntu it)
Investigar

166. To look out
(tu luc áut)
Tener cuidado

167. To look over
(tu luc óuver)
Examinar, observar

168. To make a fool of
(tu méic e fuul ov)
Engañar a, tomarle el pelo a

169. To make clear
(tu méic clíer)
Aclarar, explicar

170. To make friends
(tu méic frends)
Hacer amigos

171. To make fun of
(tu méic fan ov)
Burlarse de, ridiculizar a

172. To make out
(tu méic áut)
Descifrar, entender

173. To make sure
(tu méic shuur)
Estar seguro

174. To make up
(tu méic ap)
Inventar, reconciliarse, maquillarse

175. To make up for
(tu méic ap for)
Compensar

176. To make use of
(tu méic yus ov)
Utilizar

177. To mix up
(tu miks ap)
Confundir

178. Now and again
(náu and eguéin)
De vez en cuando

179. To pick out
(tu pic áut)
Escoger

180. To pick up
(tu pic ap)
Recoger

181. To point out
(tu póint áut)
Señalar, indicar

182. To put away
(tu put euéi)
Guardar

183. To put down
(tu put dáun)
Dominar

184. To put off
(tu put of)
Aplazar

185. To put on
(tu put on)
Ponerse (referente a ropa)

186. To put out
(tu put áut)
Apagar, extinguir

187. To put up
(tu put ap)
Construir

188. To put up with
(tu put ap uíz)
Soportar, tolerar, resistir

189. To read over
(tu rid óuver)
Echar una ojeada

190. To run across
(tu ran acrós)
Tropezar

191. To run away
(tu ran euéi)
Escaparse

192. To run into
(tu ran íntu)
Encontrarse con

193. To run out of
(tu ran áut ov)
Agotarse, acabarse, terminarse

194. To run over
(tu ran óuver)
Atropellar, arrollar

195. To see about
(tu sii abáut)
Ocuparse de

196. To sell out
(tu sel áut)
Vender, liquidar

197. To set a price
(tu set e práis)
Poner precio, fijar precio

198. To set back
(tu set bac)
Hacer retroceder

199. To set forth
(tu set forz)
Presentar, proponer

200. To set out
(tu set áut)
Salir

201. To set right
(tu set ráit)
Aclarar, poner en claro

202. To set the table
(tu set de téibol)
Poner la mesa

203. To set up
(tu set ap)
Erigir, levantar

204. To show off
(tu shóu of)
Exhibirse, presumir, alardear

205. To show up
(tu shóu ap)
Presentarse, mostrarse

206. To shut off
(tu shot of)
Cortar (un suministro)

207. To shut up
(tu shot ap)
Callarse, cerrar

208. To sit down
(tu sit dáun)
Sentarse

209. To slow down
(tu slóu dáun)
Ir más despacio, desacelerar

210. To stand for
(tu stand for)
Representar, tolerar

211. To stand in line
(tu stand in láin)
Hacer fila, hacer cola

212. To stand out
(tu stand áut)
Sobresalir, destacar

213. To stand up
(tu stand ap)
Pararse, ponerse de pie, aguantar, resistir

214. To stand still
(tu stand stil)
Estarse parado, estarse quieto

215. To stay in
(tu stéi in)
Quedarse en casa

216. To stay up
(tu stéi ap)
Acostarse tarde

217. To stay out
(tu stéi áut)
Estar fuera, permanecer fuera

218. To step in
(tu step in)
Entrar, pasar

219. To step up
(tu step ap)
Acelerar, avivar

220. To stick out
(tu stic áut)
Sobresalir, resaltar

221. To stick someone
(tu stic sómuan)
Engañar, estafar

222. To stick to
(tu stic tu)
Perseverar, persistir

223. To stir up
(tu stir ap)
Provocar, incitar

224. To take a breath
(tu téic e brez)
Tomar un respiro

225. To take after
(tu téic áfter)
Salir a, parecerse a

226. To take a look at
(tu téic e luc at)
Echar una ojeada, dar un vistazo

227. To take apart
(tu téic apárt)
Desarmar

228. To take a seat
(tu téic e sit)
Sentarse, tomar asiento

229. To take a walk
(tu téic e uóc)
Dar un paseo, dar una caminata

230. To take away
(tu téic euéi)
Llevar, llevarse

231. To take by surprise
(tu téic bái sorpráiss)
Tomar por sorpresa, sorprender

232. To take care of
(tu téic kéar ov)
Cuidar a, ocuparse de

233. To take charge of
(tu téic charsh ov)
Hacerse cargo de, tomar control de

234. To take down
(tu téic dáun)
Descolgar, bajar, tomar nota de, apuntar

235. To take hold of
(tu téic jóuld ov)
Agarrar, asir, sujetar

236. To take into account
(tu téic íntu acáunt)
Tomar en consideración, tomar en cuenta

237. To take off
(tu téic of)
Quitarse, despegar

238. To take on
(tu téic on)
Emplear

239. To take out
(tu téic áut)
Sacar, llevar

240. To take over
(tu téic óuver)
Asumir el cargo de, asumir el control de

241. To take pains
(tu téic péins)
Esmerarse

242. To take part
(tu téic part)
Tomar parte, participar

243. To take pity on
(tu téic píri on)
Tenerle lástima a

244. To take place
(tu téic pléis)
Tener lugar, suceder, ocurrir

245. To take roots
(tu téic ruuts)
Echar raíces, establecerse

246. To take the lead
(tu téic de lid)
Tomar la delantera, llevar la ventaja

247. To take the liberty
(tu téic de líberti)
Tomarse la libertad

248. To take time off
(tu téic táim of)
Tomar tiempo libre, tomar descanso

249. To take turns
(tu téic terns)
Turnarse, alternarse, rotarse

250. To talk over
(tu toc óuver)
Discutir, tratar de

251. To tear down
(tu téar dáun)
Derribar, demoler

252. To tear up
(tu téar ap)
Romper, despedazar

253. To tell apart
(tu tel apárt)
Diferenciar, distinguir entre

254. To tell time
(tu tel táim)
Saber la hora, decir la hora

255. To think of
(tu zinc ov)
Opinar acerca de

256. To think over
(tu zinc óuver)
Meditar, reflexionar

257. To think up
(tu zinc ap)
Hallar, inventar

258. To throw away
(tu zróu euéi)
Botar, desechar

259. To throw up
(tu zróu ap)
Vomitar

260. To try on
(tu trái on)
Probarse (referente a ropa)

261. To try out
(tu trái áut)
Probar

262. To turn around
(tu tern aráund)
Voltearse, virarse

263. To turn down
(tu tern dáun)
Rechazar, negar, disminuir (la intensidad)

264. To turn off
(tu tern of)
Apagar, cerrar, cortar, desviar

265. To turn on
(tu tern on)
Prender, encender

266. To turn out
(tu tern áut)
Resultar

267. To turn over
(tu tern óuver)
Volcar, voltear, transferir

268. To turn to
(tu tern tu)
Recurrir

269. To wait for
(tu uéit for)
Esperar a, esperar por

270. To wait on
(tu uéit on)
Servir, atender

271. To wait up for
(tu uéit ap for)
Desvelarse esperando, aguardar por la noche

272. To wake up
(tu uéic ap)
Despertarse

273. To watch out for
(tu uátch áut for)
Tener mucho cuidado con

274. To wear down
(tu uéar dáun)
Desgastarse

275. To wear off
(tu uéar of)
Pasar, desaparecer

276. To wear out
(tu uéar áut)
Gastarse

277. To work out
(tu uórc áut)
Resultar, funcionar, planear, solucionar

278. To work at
(tu uórc at)
Ocuparse de, ocuparse en

B) Modismos del español aplicados al inglés

1. A casa
Home
(jóum)

2. Acabar de...
To have just...
(tu jav yost...)

3. A crédito
On credit
(on crédit)

4. A diestro y siniestro
Right and left
(ráit and left)

5. A eso de…
At about…
(at abáut…)

6. A fines de…
Late in…
(léit in…)

7. A gusto
At will
(at uíl)

8. Ahora mismo
Right now
(ráit náu)

9. A la derecha
To the right
(tu de ráit)

10. A la izquierda
To the left
(tu de left)

11. A la larga
In the long run
(in de long ran)

12. A la vez
At the same time
(at de séim táim)

13. Al fin
At last
(at last)

14. Al fin y al cabo
After all
(áfter ool)

15. Al lado de...
Next to...
(nekst tu...)

16. Al parecer
Apparently
(apárentli)

17. Al por mayor
Wholesale
(jóulsel)

18. Al por menor
Retail
(ritél)

19. Al principio
At first
(at ferst)

20. Alrededor de
Around
(aráund)

21. A más tardar
At the latest
(at de léirest)

22. A menos que...
Unless...
(onlés...)

23. A oscuras
In the dark
(in de darc)

24. A pesar de...
In spite of...
(in spáit ov...)

25. A pie
On foot
(on fut)

26. A primera vista
At first sight
(at ferst sáit)

27. A propósito...
By the way...
(bái di uéi...)

28. A tiempo
In time
(in táim)

29. A veces
At times
(at táims)

30. A ver...
Let's see...
(lets sii...)

31. Cara a cara
Face to face
(féis tu féis)

32. Como de costumbre
As usual
(as yúshual)

33. Con razón
No wonder
(nóu uónder)

34. Con respecto a...
In regard to...
(in rigárd tu...)

35. Constar de...
To consist of...
(tu consíst ov...)

36. Cuanto antes
As soon as possible
(as suun as pósibol)

37. Dar una mano
To lend hand
(tu lend jand)

38. De cuando en cuando
From time to time
(from táim tu táim)

39. Pensar que no
To think not
(tu zinc not)

40. Pensar que sí
To think so
(tu zinc sóu)

NOTAS IMPORTANTES:
Los modismos deben, sencillamente, memorizarse, aprovechando para ello cualquier similitud con el español.

Ejemplos:
1. **To be in love**
(tu bi in lav)
Estar en amor **(L)**
Estar enamorado **(I)**

2. **To put up**
(tu put ap)
Poner arriba **(L)**
Construir **(I)**

C) Ejemplos de aplicación:

1. **She has been sleeping <u>all day long</u>**   **Inglés**
(shi jas biin slíiping <u>ool déi long</u>)   ***Pronunciación***
Ella ha estado durmiendo <u>todo el día</u>   **Español**

2. **He <u>is about to</u> sell his car**
(ji <u>is abáut tu</u> sel jis car)
Él <u>está a punto de</u> vender su carro

3. **I am going <u>to call for</u> her later**
(ái am góing <u>tu cool for</u> jer léiter)
(Yo) voy a <u>venir a buscarla</u> más tarde

4. Doesn't he **feel like** eating Italian food?
(dósent ji <u>fiil láic</u> íting itálian fuud?)
¿No <u>tiene ganas</u> (él) de comer comida italiana?

5. Do they usually **get up** early?
(du déi yúshuali <u>guet ap</u> érli?)
¿Se <u>levantan</u> ellos temprano usualmente?

6. We didn't **go shopping** yesterday
(uí dídent <u>góu shóping</u> yésterdi)
Nosotros no <u>fuimos de compras</u> ayer

7. The children would **have a good time** if they went to the movies
(de chíldren wud <u>jav e gud táim</u> if déi uént tu de múvis)
Los niños se <u>divertirían</u> si (ellos) fueran al cine

8. **Keep in mind** (that), he is your friend
(<u>kiip in máind</u> (dat), ji is yur frend)
<u>Recuerde</u> (que), él es su amigo

9. **Look out** with that dog!
(<u>luc áut</u>! uíz dat dog)
¡<u>Tenga cuidado</u> con ese perro!

10. He shall **make clear** this matter soon
(ji shal <u>méic clíer</u> dis mérer suun)
Él <u>aclarará</u> este asunto pronto

11. They had **put off** the appointment since yesterday
(déi jad <u>put of</u> di apóintment sins yésterdi)
Ellos habían <u>aplazado</u> la cita desde ayer

12. **Show me up** that dress, please
(*shóu mi ap dat dres, pliis*)
Muéstreme ese vestido, por favor

13. **Did he invite her to take a walk?**
(*did ji inváit jer tu téic e uóc?*)
¿La invitó él a ella a dar un paseo?

14. He shall **take away** the brown shoes
(*ji shal téic euéi de bráun shuus*)
Él se llevará los zapatos café

15. The plane **took off** ten minutes ago
(*de pléin tuc of ten mínets egóu*)
El avión despegó hace diez minutos

16. They **took roots** in this country
(*déi tuc ruuts in dis cántri*)
Ellos se establecieron en este país

17. Mary, **turn on** the radio, please
(*méri, tern on de réidiou, pliis*)
María, enciende la radio, por favor

18. She is **waiting for** her friend
(*shi is uéiting for jer frend*)
Ella está esperando a su amigo

19. **Wake up!** Because you have to work
(*uéic ap! bicóss yu jav to uórc*)
¡Despiértate!, porque (tú) tienes que trabajar

20. Thanks God! The project is **working out** very well
(*zencs God! de próyect is uórking áut véri uél*)
¡Gracias a Dios el proyecto está funcionando muy bien!

Tema 5: Conocimientos generales

Este tema tiene como propósito fundamental dar un complemento necesario al aprendizaje **básico**, proporcionando los conocimientos principales acerca de conceptos y elementos **cotidianos** del inglés.

Your name and your address
(yur néim and yur adrés)

Su nombre y su dirección

What is your name?
(uát is yur néim?)
My name is Peter White
(mái néim is píter juáit)
My first name is Peter
(mái ferst néim is píter)
My last name is White
(mái last néim is juáit)
Where do you live?
(uér du yu liv?)
I live in Guatemala
(ái liv in Guatemala)
What is your address?
(uát is yur adrés?)

¿Cuál es su nombre?

Mi nombre es Pedro White

Mi primer nombre es Pedro

Mi apellido es White

¿Dónde vive usted?

Yo vivo en Guatemala

¿Cuál es su dirección?

Your family
(yur fámili)

Su familia

Are you married?
(ar yu mérid?)

¿Es usted casado-a?

I am single
(ái am síngl)

Soy soltero-a

I am a bachelor
(ái am a báchelor)

Soy soltero
(sólo masculino)

Father
(fáder)

Papá

Mother
(máder)

Mamá

Son
(son)

Hijo

Daugther
(dórer)

Hija

Husband
(jásband)

Esposo

What is the name
of your wife?
(uát is de néim ov yur uáif?)

¿Cuál es el nombre
de su esposa?

Parents
(pérents)

Padres (papá y mamá)

Child
(cháild)

Niño-a

Do you have children?
(du yu jav chíldren?)

¿Tienen ustedes niños?

Brother
(bróder)

Hermano

Sister
(síster)

Hermana

Grand-father
(grand-fáder)

Abuelo

Grand-mother	Abuela
(grand-máder)	
Uncle	Tío
(áncol)	
Aunt	Tía
(aant)	
Nephew	Sobrino
(néfiu)	
Niece	Sobrina
(niis)	
Cousin	Primo-a
(cássn)	
Brother-in-law	Cuñado
(bróder-in-loo)	
Sister-in-law	Cuñada
(síster-in-loo)	
Father-in-law	Suegro
(fáder-in-loo)	
Mother-in-law	Suegra
(máder-in-loo)	
Family-in-law	Familia política
(fámili-in-loo)	

<u>Your age</u>	<u>Su edad</u>
(yur éish)	
How old <u>are</u> you?	¿Qué edad tiene usted?
(jáu óuld ar yu?)	
I <u>am</u> twenty years old	Yo tengo veinte años
(ái am tuénti yíers óuld)	de edad
Child, childhood,	Niño-a, niñez, infante,
infant, infancy	
(cháild, cháiljud, ínfant, ínfansi)	infancia
Teenager, adolescence	Adolecente, adolescencia
(tiinéyer, adolésens)	

117

Young, youth	**Jóven, juventud**
(yang, yúuz)	
Adult, maturity	**Adulto, madurez**
(ádalt, machiúoriti)	
Old, old age	**Viejo, vejez**
(óuld, óuld éish)	

NOTAS IMPORTANTES:

En inglés, también se usa, para preguntar la edad, la expresión "What is your age?" *(uát is yur éish?)*; sin embargo, la expresión más usual es "How old are you?", que significa lo mismo.

<u>**Your house**</u>	<u>**Su casa**</u>
(yur jáus)	
The living-room	**La sala**
(de líving-ruum)	
The dining-room	**El comedor**
(de dáining-ruum)	
The bathroom	**El baño**
(de bázruum)	
My house has two bedrooms	**Mi casa tiene dos**
(mái jáus jas tuu bédruums)	**dormitorios**
The kitchen	**La cocina**
(de kítchin)	
Yard	**Patio**
(yard)	
Bed	**Cama**
(bed)	
Furniture	**Mueble**
(fórnichur)	
Dresser	**Cómoda**
(dréser)	

Night-stands	Mesas de noche
(náit-stands)	
Mirror	Espejo
(míror)	
Chest of drawers	Gavetero
(chest ov dróuers)	
What color <u>are</u> the drapes?	¿De qué color son las
(uát cólor ar de dréips?)	cortinas?
The carpet <u>is</u> blue	La alfombra es azul
(de cárpit is bluu)	
Spreads	Sobrecamas
(spreds)	
Sofa	Sofá
(sóufa)	
Arm-chair	Sillón
(arm-chéar)	
What <u>are</u> the seats	¿De qué están hechos los
of the chairs m̧a̧ḑȩ of?	asientos de las sillas?
(uát ar de sits ov de chéars méid ov?)	
Rocking-chair	Silla mecedora
(róking-chéar)	
Table	Mesa
(téibol)	
Cushions	Cojines
(cúshons)	
Buffet	Aparador
(bufé)	
China-cabinet	Vitrina
(cháina-cábinit)	
I ļi̧ķȩ your dining-set	Me gusta su juego de
(ái láic yur dáining-set)	comedor
Bath-tub	Bañera
(baz-tab)	

Washbowl	Lavamanos
(uáshboul)	
Shower	Ducha
(sháuer)	
Shower-curtain	Cortina de baño
(sháuer-córtn)	
Fixtures	Accesorios
(fíkchurs)	
Tiles	Azulejos
(táils)	
<u>Is</u> **this a gas stove?**	¿Es esta una estufa de gas?
(is dis e gas stóuv)	
Refrigerator	Refrigerador
(refriyeréitor)	
Freezer	Congelador
(frísser)	
Cabinits	Gabinetes
(cábinits)	
Oven	Horno
(áven)	
Sink	Lavatrastos
(sinc)	
Toilet	Sanitario, inodoro
(tóilet)	

<u>**The meals**</u>	<u>Las comidas</u>
(de mils)	

I <u>eat</u> three meals every day	Yo como tres comidas al día
(ái it zrii mils éveri déi)	
I <u>eat</u> my breakfast	Yo (me) como mi desayuno
in the morning	en la mañana
(ái it mái brécfast in de mórning)	

I **eat** my lunch at noon
(ái it mái lanch at nuun)

Yo (me) como mi almuerzo
al mediodía

I **eat** my dinner in the evening
(ái it mái díner in di ívining)

Yo (me) como mi cena
en la noche

Are you hungry now?
(ar yu jángri náu?)

¿Tiene (usted) hambre ahora?

No, I **am** not hungry
(nóu, ái am not jángri)

No, (yo) no tengo hambre

I **am** thirsty
(ái am zérsti)

(Yo) tengo sed

I **like to drink** very cold water
(ái láic tu drinc véri cóuld uáter)

Me gusta beber agua
muy fría

Do you **drink** coffee with
your meals?
(du yu drinc cófi uíz yur mils?)

¿Toma usted café
con sus comidas?

No, I **like** coffee after my meals
(nóu, ái láic cófi áfter mái mils)

No, me gusta el café
después de las comidas

A glass of orange juice
(e glas ov óransh yuus)

Un vaso de jugo de naranja

Coffee and toasts
(cófi and tóusts)

Café y tostadas

Bread
(bred)

Pan

Butter and jelly
(báter and yéli)

Mantequilla y jalea

A cup of coffee
(e cap ov cófi)

Una taza de café

A glass of milk
(e glaas ov milc)

Un vaso de leche

Cereals
(sírials)

Cereales

Eggs
(egs)

Huevos

Hard-boiled-egg *(jard-bóild-eg)*	Huevo duro
Poached egg *(póucht eg)*	Huevo escalfado
Fried egg *(fráid eg)*	Huevo frito o estrellado
Soft-boiled egg *(soft-bóild eg)*	Huevo pasado por agua o tibio
Scrambled eggs *(scrámbld egs)*	Huevos revueltos
Roastbeef *(róustbiif)*	Carne asada
Fried chicken *(fráid chíkin)*	Pollo frito
Hamburger *(jámborguer)*	Hamburguesa
Potatoes *(potéitous)*	Papas o patatas
Soup *(suup)*	Sopa
Salad *(sálad)*	Ensalada
Sauce *(saas)*	Salsa
Rice *(ráis)*	Arroz
Sandwich *(sánduich)*	Emparedado
Cheese *(chiis)*	Queso
Ham *(jam)*	Jámón
Meat *(miit)*	Carne

Meatball	Albóndiga
(miitbool)	
Steak	Bistec
(stéic)	
Fish	Pescado
(fish)	
Dessert	Postre
(diséert)	
I want a piece of cake	(Yo) quiero una porción de pastel
(ái uónt e pis ov kéic)	
Pie	Tarta
(pái)	
Fruit	Fruta
(fruut)	
Fruit-cocktail	Cóctel de frutas
(fruut-cócteil)	
Ice-cream	Helado
(áis-criim)	
Cool drink	Refresco
(cuul drinc)	

The human body	**El cuerpo humano**
(di jiúman bódi)	

Head	Cabeza
(jed)	
Trunk	Tronco
(tranc)	
Limbs	Extremidades
(limbs)	
Eyes	Ojos
(áis)	
Mouth	Boca
(máuz)	

English	Español
Nose *(nóus)*	Nariz
Ears *(íers)*	Oídos
Cheeks *(chics)*	Mejillas
Forehead *(fórjed)*	Frente
Chin *(chin)*	Barbilla
Eyelids *(áilids)*	Párpados
Eyelashes *(áilashes)*	Pestañas
Eyebrows *(áibrous)*	Cejas
Skin *(skin)*	Piel
Heart *(jaart)*	Corazón
Thorax *(zóraks)*	Tórax
Lungs *(langs)*	Pulmones
Chest *(chest)*	Pecho
I hạyẹ two hands *(ái jav tuu jands)*	(Yo) tengo dos manos
Arms *(arms)*	Brazos
Each hand hạṣ five fingers *(ich jand jas fáiv finguers)*	Cada mano tiene cinco dedos
Finger-nails *(fínguer-néils)*	Uñas (de las manos)

Legs	Piernas
(legs)	
Feet	Pies
(fiit)	
Toes	Dedos (de los pies)
(tus)	
Toe-nails	Uñas (de los pies)
(tu-néils)	
He ḥaṣ wide shoulders	Él tiene hombros anchos
(ji jas uáid shóulders)	
Knee	Rodilla
(nii)	
Elbow	Codo
(élbou)	
Calf	Pantorrilla
(caaf)	
Ankle	Tobillo
(áncl)	
Wrist	Muñeca
(rist)	
Thigh	Muslo
(zái)	
Teeth	Dientes
(tiiz)	
Lips	Labios
(lips)	
Tongue	Lengua
(tang)	
Throat	Garganta
(zróut)	
Neck	Espalda
(nec)	
Hair	Pelo
(jéar)	

Stomach
(stámac)

Estómago

Your clothes
(yur clóuds)

Su ropa

Suit
(siút)

Traje

His shirt is made of silk
(jis sheert is méid ov silc)

Su camisa (de él) está
hecha de seda

Blouse
(bláuss)

Blusa

Trousers
(tráussers)

Pantalones

Skirt
(skeert)

Falda

Sock
(soc)

Calcetín

Stocking
(stóking)

Calceta

Dress
(dres)

Vestido

Belt
(belt)

Cinturón o cinto

Underwear
(ánderwéar)

Ropa interior

Coat
(cóut)

Abrigo

Gloves
(glovs)

Guantes

Scarf
(scaaf)

Bufanda

Bathing-suit
(bázing-siút)

Traje de baño

House-coat	**Bata**
(jáus-cóut)	
Tie	**Corbata**
(tái)	
Sweater	**Suéter**
(suéter)	
Leather	**Cuero o piel**
(léder)	
Wool	**Lana**
(wul)	
Silk	**Seda**
(silc)	
Nylon	**Nailon**
(náilon)	
Cotton	**Algodón**
(cótn)	

I ꞷeaꞧ a coat in winter	**Yo uso abrigo en invierno**
(ái wéar e cóut in uínter)	
Ṃạdẹ of...	**Hecho de...**
(méid ov)	
Ṃạdẹ in...	**Hecho en...**
(méid in)	
I ꞷeaꞧ size 35	**Yo uso talla 35**
(ái wéar sáiss 35)	

<u>**Greetings**</u>	<u>**Saludos**</u>
(gríitings)	

A. Nice ṭọ ṃẹẹṭ you	**Gusto de conocerle**
(náis tu miit yu)	
B. Nice ṭọ ṃẹẹṭ you too	**Gusto de conocerle,**
(náis to miit yu tuu)	**también (L)**
	Igualmente (I)

A. How <u>do</u> you <u>do</u>?   ¿Cómo hace usted? (L)
(jáu du yu du?)   ¿Cómo le va? (I)
B. Very well, thank you   Muy bien, gracias
(véri uél, zénkiu)

       o

B. Fine, thank you   Bien, gracias
(fáin, zénkiu)

A. Hello!   ¡Hola!
(jelóu!)
B. Hello, how <u>are</u> you?   Hola, ¿cómo estás?
(jelóu, jáu ar yu?)
A. Just fine, thanks. And you?   Bien, gracias. ¿Y tú?
(yost fáin, zencs and yu?)
B. Oh, so-so   Oh, regular
(óo, sóu-sóu)

A. Hi!   ¡Hola!
(jái!)
B. Hi, what'<u>s</u> new?   Hola, ¿qué está nuevo? (L)
(jái, uáts niú?)   Hola, ¿qué hay de nuevo? (I)
A. Oh, nothing in particular   Oh, nada en particular
(óo, názing in partíkiular)

A. How'<u>s</u> everything?   ¿Cómo está todo? (L)
(jáus éverizing?)   ¿Qué tal? (I)

       o

How'<u>s</u> everything with you?   ¿Cómo está todo
(jáus éverizing uíz yu?)   contigo? (L)
     ¿Qué tal? (I)

B. All right, thank you   Todo bien, gracias
(ool ráit, zénkiu)

So long!	¡Hasta luego!
(sóu long!)	
Good-bye!	¡Adiós!
(gud-bái!)	
I see you later	Le veo más tarde
(ái sii yu léiter)	
Good morning	Buenos días
(gud mórning)	
Good afternoon	Buenas tardes
(gud áfternuun)	
Good evening	Buenas noches
(gud ívining)	
Good night	Buenas noches
(gud náit)	(al dormirse)
God bless you!	¡Que Dios te bendiga!
(god bles yu!)	

The time	**La hora**
(de táim)	

What time is it, please?	¿Qué hora es, por favor?
(uát táim is it, pliis?)	
It is three o'clock	Son las tres en punto
(it is zrii oclóc)	
It is two thirty	Son las dos y media
(it is tu zérti)	
It is a quarter before four	Son las cuatro menos cuarto
(it is e cuórer bifór foor)	
It is a quarter last ten	Son las diez y cuarto
(it is e cuórer last ten)	
It is twelve twenty-seven	Son las doce y veintisiete
(it is túelv tuénti-séven)	
It is noon	Es mediodía
(it is nuun)	

It **is** midnight
(it is mídnait)

Es medianoche

My watch **is** slow
(mái uátch is slóu)

Mi reloj (de pulsera) está atrasado

This clock **is** fast
(dis cloc is fast)

Este reloj (de pared) está adelantado

(At) what time?
(at uát táim?)

¿A qué hora?

At noon
(at nuun)

Al mediodía

At midnight
(at mídnait)

A medianoche

At seven o'clock
(at séven oclóc)

A las siete en punto

In twenty minutes
(in tuéni mínets)

En veinte minutos

Fifteen minutes ago
(fiftíin mínets egóu)

Hace quince minutos

The days of the week
(de déis ov di wiic)

Los días de la semana

Sunday *(sándei)*
Monday *(móndei)*
Tuesday *(tiúsdei)*
Wednesday *(uénsdei)*
Thursday *(zérsdei)*
Friday *(fráidei)*
Saturday *(sátordei)*

Domingo
Lunes
Martes
Miércoles
Jueves
Viernes
Sábado

What day **is** today?
(uát déi is tudéi?)

¿Qué día es hoy?

Today **is** Monday
(tudéi is móndei)

Hoy es lunes

What day <u>was</u> yesterday?   ¿Qué día fue ayer?
(uát déi uóss yésterdi?)
What day <u>will</u> tomorrow <u>be</u>?   ¿Qué día será mañana?
(uát déi uíl tumórou bi?)

The day before yesterday <u>was</u> Friday   Anteayer fue viernes
(de déi bifór yésterdi uóss fráidei)
The day after tomorrow <u>will be</u> Sunday   Pasado mañana
(de déi áfter tumórou uíl bi sándei)   será domingo
How many days <u>are</u> there   ¿Cuántos días hay
in a week?   en una semana?
(jáu méni déis ar déar in e wiic?)

The months   Los meses
(de monzs)

January *(yániori)*   Enero
February *(fébruori)*   Febrero
March *(march)*   Marzo
April *(éiprol)*   Abril
May *(méi)*   Mayo
June *(yuun)*   Junio
July *(yulái)*   Julio
August *(ógost)*   Agosto
September *(septémber)*   Septiembre
October *(octóuber)*   Octubre
November *(novémber)*   Noviembre
December *(disémber)*   Diciembre

The weather   El tiempo
(di uéder)

How <u>is</u> the weather?   ¿Cómo está el tiempo?
(jáu is di uéder?)

The weather **is** very nice
(di uéder is véri náis)
El tiempo está muy agradable

The weather **is** dry and cool
(di uéder is drái and cuul)
El tiempo está seco y fresco

It **is** very cold outside
(it is véri cóuld autsáid)
Está muy frío afuera (L)
Hace mucho frío afuera (I)

It **is** **snowing**!
(it is snóuing!)
¡Está nevando!

Do you **like** snow?
(du yu láic snóu?)
¿Le gusta la nieve?

It **is** **raining**
(it is réining)
Está lloviendo

The warm and sunny days
(di uóorm and sáni déis)
Los días tibios y soleados

The cloudy days
(de cláudi déis)
Los días nublados

How **is** the weather outside?
(jáu is di uéder autsáid?)
¿Cómo está el tiempo afuera?

It **is** very hot outside
(it is veri jot autsáid)
Está muy caliente afuera (L)
Hace mucho calor afuera (I)

It **is** cool inside, with the air conditioned
(it is cuul insáid,
uíz di éar condíshond)
Está fresco adentro con el aire acondicionado

Look at the rainbow!
(luc at de réinbou!)
¡Mire el arco iris!

The seasons
(de sísons)
Las estaciones

Spring, the warm season
(spring, di uóorm síson)
Primavera, la estación templada

Summer, the hot season
(sámer, de jot síson)
Verano, la estación cálida

Autumn, the cool season
(ótom, de cuul síson)
Winter, the cold season
(uínter, de cóuld síson)

Otoño, la estación fresca

Invierno, la estación fría

The colors
(de cólors)

Los colores

Red (red)
Yellow (yélou)
Blue (bluu)
Green (griin)
Orange (óransh)
Violet (váiolet)
Indigo (índigo)
Purple (pérpol)
Brown (bráun)
White (juáit)
Black (blac)
Grey (gréi)
Light yellow (láit yélou)
Dark brown (darc bráun)
Shade of green (shéid ov griin)
Light blue (láit bluu)
Pink (pinc)
Silvery (sílveri)
Golden (góulden)

Rojo
Amarillo
Azul
Verde
Anaranjado
Violeta
Añil
Púrpura o morado
Café o marrón
Blanco
Negro
Gris
Amarillo claro
Castaño oscuro
Tono de verde
Celeste
Rosado
Plateado
Dorado

Metals
(métals)

Metales

Gold (góuld)
Silver (sílver)
Platinum (plátinom)

Oro
Plata
Platino

Bronze *(bronss)*	**Bronce**
Iron *(áiron)*	**Hierro**
Steel *(stiil)*	**Acero**
Aluminum *(aliumíniom)*	**Aluminio**
Copper *(cóper)*	**Cobre**
Tin *(tin)*	**Estaño**
Tin plate *(tin pléit)*	**Hojalata**
Brass *(braas)*	**Latón**

Numbers
(námbers)

Los números

Zero, nought *(ssírou, noot)*	0	Cero
One *(uán)*	1	Uno
Two *(tuu)*	2	Dos
Three *(zrii)*	3	Tres
Four *(foor)*	4	Cuatro
Five *(fáiv)*	5	Cinco
Six *(six)*	6	Seis
Seven *(séven)*	7	Siete
Eight *(éit)*	8	Ocho
Nine *(náin)*	9	Nueve
Ten *(ten)*	10	Diez

Eleven *(iléven)*	11	Once
Twelve *(tuélv)*	12	Doce
Thirteen *(zertíin)*	13	Trece
Fourteen *(foortíin)*	14	Catorce
Fifteen *(fiftíin)*	15	Quince
Sixteen *(sicstíin)*	16	Dieciséis
Seventeen *(seventíin)*	17	Diecisiete
Eighteen *(eitíin)*	18	Dieciocho
Nineteen *(naitíin)*	19	Diecinueve
Twenty *(tuénti)*	20	Veinte
Twenty-one *(tuénti-uán)*	21	Veintiuno
Twenty-two *(tuénti-tuu)*	22	Veintidós
Twenty-three *(tuénti-zrii)*	23	Veintitrés
Thirty *(zérti)*	30	Treinta
Forty *(fórti)*	40	Cuarenta
Fifty *(fífti)*	50	Cincuenta
Sixty *(síksti)*	60	Sesenta

Seventy *(séventi)*	70	**Setenta**
Eighty *(éiti)*	80	**Ochenta**
Ninety *(náiti)*	90	**Noventa**
One hundred *(uán jándrid)*	100	**Cien**
One hundred and one *(uán jándrid and uán)*	101	**Ciento uno**
One hundred and ten *(uán jándrid and ten)*	110	**Ciento diez**
One hundred and eleven *(uán jándrid and iléven)*	111	**Ciento once**
One hundred and twenty *(uán jándrid and tuénti)*	120	**Ciento veinte**
One hundred and thirty *(uán jándrid and zérti)*	130	**Ciento treinta**
Two hundred *(tuu jándrid)*	200	**Docientos**
One thousand *(uán záusand)*	1,000	**Mil**
One thousand one hundred *(uán záusand uán jándrid)*	1,100	**Mil cien**
Two thousand *(tuu záusand)*	2,000	**Dos mil**
Ten thousand *(ten záusand)*	10,000	**Diez mil**
One hundred thousand *(uán jándrid záusand)*	100,000	**Cien mil**
One million *(uán mílion)*	1,000,000	**Un millón**
Two millions *(two mílions)*	2,000,000	**Dos millones**

Ordinals (órdinals)		Ordinales
First (ferst)	1º	Primero
Second (sécond)	2º	Segundo
Third (zerd)	3º	Tercero
Fourth (foorz)	4º	Cuarto
Fifth (fifz)	5º	Quinto
Sixth (siksz)	6º	Sexto
Seventh (sévenz)	7º	Séptimo
Eighth (éitz)	8º	Octavo
Ninth (náinz)	9º	Noveno
Tenth (tenz)	10º	Décimo
Eleventh (ilévenz)	11º	Undécimo
Twelfth (tuélfz)	12º	Duodécimo
Thirteenth (zertíinz)	13º	Decimotercero
Fourteenth (foortíinz)	14º	Decimocuarto
Fifteenth (fiftíinz)	15º	Decimoquinto
Sixteenth (sicstíinz)	16º	Decimosexto

Seventeenth *(séventiinz)*	**17º**	**Decimoséptimo**
Eighteenth *(eitíinz)*	**18º**	**Decimoctavo**
Nineteenth *(naintíinz)*	**19º**	**Decimonoveno**
Twentieth *(tuéntiz)*	**20º**	**Vigésimo**
Twenty-first *(tuénti-ferst)*	**21º**	**Vigésimo primero**
Twenty-second *(tuénti-sécond)*	**22º**	**Vigésimo segundo**
Twenty-third *(tuénti-zerd)*	**23º**	**Vigésimo tercero**
Thirtieth *(zértiz)*	**30º**	**Trigésimo**
Thirty-first *(zérti-ferst)*	**31º**	**Trigésimo primero**
Thirty-second *(zérti-sécond)*	**32º**	**Trigésimo segundo**
Fortieth *(fóortiz)*	**40º**	**Cuadragésimo**
Fiftieth *(fíftiz)*	**50º**	**Quincuagésimo**
Sixtieth *(sícstiz)*	**60º**	**Sexuagésimo**
Seventieth *(séventiz)*	**70º**	**Septuagésimo**
Eightieth *(éitiz)*	**80º**	**Octogésimo**
Ninetieth *(náintiz)*	**90º**	**Nonagésimo**
Hundredth *(jándriz)*	**100º**	**Centésimo**

Hundred and first (jándrid and ferst)	101º	Centésimo primero
Two hundredth (tuu jándridz)	200º	Vicentenario
Thousandth (záusandz)	1000º	Milésimo
Millionth (mílionz)	1000000º	Millonésimo
Two millionth (tuu mílionz)	2000000º	Dos millonésimos

Fractions and decimals | | **Fracciones y decimales**
(frácshons and décimals)

A half (e jaaf)	1/2	Un medio
A third (e zerd)	1/3	Un tercio
Two thirds (tuu zerds)	2/3	Dos tercios
A quarter (e cuórer)	1/4	Un cuarto
A fifth (e fifz)	1/5	Un quinto
Nought point five (noot póint fáiv)	0.5	Cero punto cinco
Three point four (zrii póint foor)	3.4	Tres punto cuatro
Ten per cent (ten per cent)	10%	Diez por ciento
A hundred per cent (e jándrid per cent)	100%	Cien por ciento

ANEXOS

1. Otras aplicaciones del verbo "to be"

1.1) Cuando se combina el uso del verbo **"to be"** con el adverbio **"there"** *(déar)*, "ahí", "allí", "allá", esto sirve para suplir la modalidad del verbo **"haber"**, con el significado de **"existir"**, en relación a tiempo, lugar y cantidad.

a) There <u>is</u>   **Singular**
(déar is)
Hay
<u>Is</u> there?
(is déar?)
¿Hay?
There <u>are</u> not
(déar ar not)
No hay

b) There <u>are</u>   **Plural**
(déar ar)
Hay
<u>Are</u> there?
(ar déar?)
¿Hay?
There <u>are</u> not
(déar ar not)
No hay

c) There <u>was</u>   **Singular**
(déar uóss)
Hubo o había
<u>Was</u> there?
(uóss déar?)
¿Hubo? o ¿había?
There <u>was</u> not
(déar uóss not)
No hubo o no había

d) There <u>were</u>   **Plural**
(déar uér)
Hubieron o habían
<u>Were</u> there?
(uér déar?)
¿Hubieron? o ¿habían?
There <u>were</u> not
(déar uér not)
No hubieron o no habían

e) There <u>will</u> <u>be</u>   **Singular y plural**
(déar uíl bi)
Habrá o habrán
<u>Will</u> there <u>be</u>?
(uíl déar bi?)
¿Habrá? o ¿habrán?
There <u>will</u> not <u>be</u>
(déar uíl not bi)
No habrá o no habrán

f) There ~~would~~ <u>be</u>   **Singular y plural**
(déar wud bi)
Habría o habrían

~~Would~~ there <u>be</u>?
(wud déar bi?)
¿Habría? o ¿habrían?
There ~~would~~ not <u>be</u>
(déar wud not bi)
No habría o no habrían

Ejemplos:
1. There <u>is</u> a car in the garage
(déar is a car in de garáash)
Hay un carro en el garaje
<u>Is</u> there a car in the garage?
(is déar e car in de garáash?)
¿Hay un carro en el garaje?
There <u>is</u> not a car in the garage
(déar is not e car in de garáash)
No hay un carro en el garaje

2. There <u>are</u> many books on the desk
(déar ar méni bucs on de desc)
Hay muchos libros sobre el escritorio
<u>Are</u> there many books on the desk?
(ar déar méni bucs on de desc?)
¿Hay muchos libros sobre el escritorio?
There <u>are</u> not many books on the desk
(déar ar not méni bucs on de desc)
No hay muchos libros sobre el escritorio

1.2) Cuando el verbo **"<u>to be</u>"** en **presente** se combina con el verbo **"<u>to go</u>"** en **gerundio**, resulta otra forma de expresar el **futuro** (sin hacer uso de **"<u>will</u>"** o **"<u>shall</u>"**). Cuando se hace la combinación, pero con **"<u>to be</u>"** en **pasado** (o sea, **"<u>was</u>"**), resulta el equivalente al español de "iba".

Ejemplos:

      1.   2.

1. **God's willing, I am going to come tomorrow**
(gods uíling, ái am góing tu com tumórou)
Si Dios quiere, (yo) voy a venir mañana

      1.   2.

2. **Are you going to work next week?**
(ar yu góing tu uórc next wiic?)
¿Va a trabajar (usted) la próxima semana?

      1.   2.

3. **He is not going to read that book**
(ji is not góing tu rid dat buc)
Él no va a leer ese libro

     1.   2.   3.   4.

4. **The boy was going to play, but it began to rain**
(de bói uóss góing tu pléi, bat it biguén tu réin)
El niño iba a jugar, pero comenzó a llover

     1.   2.   3.

5. **They were going to study, but they forgot their books**
(déi uér góing tu stádi, bat déi forgót déir bucs)
Ellos iban a estudiar, pero olvidaron sus libros

2. Reglas básicas del inglés

2.1) Fonética: en este aspecto, el idioma inglés difiere grandemente del español, pues en este cada consonante o vocal responde a un sonido, mientras que en el inglés, una consonante o vocal (según su uso) puede adquirir diversos sonidos.

2.2) Género: en general, en inglés no se hace distinción en los sustantivos para indicar género; sin embargo, se califican como masculinos los nombres de varón o de animal macho; como femeninos, los nombres de mujer o animal hembra; y como neutros, los nombres de cosas.

A veces, se requiere de las palabras "male" *(méil)*, "macho", o "female" *(fiméil)*, "hembra"; "man" *(man)*, "hombre", o "woman" *(wóman)*, "mujer"; "boy" *(bói)*, "muchacho", o "girl" *(guerl)*, "muchacha"; "he" *(ji)*, "él", o "she" *(shi)*, "ella"; o del sufijo "ess" para distinguir el género femenino del masculino.

Ejemplos:
1. **Nurse**
(ners)
Enfermero o enfermera

2. **Writer**
(ráiter)
Escritor o escritora

3. **Baby**
(béibi)
El bebé o la bebé

Enfatizando el género
1. **Male nurse**
(méil ners)
Enfermero

2. **Woman writer**
(wóman ráiter)
Escritora

3. Baby boy
(béibi bói)
El bebé

Usando el sufijo "ess"
1. **Prince**
(prins)
Príncipe
Princess
(princés)
Princesa

2.3) Número: en inglés, el plural se forma, generalmente, agregando una "s" al singular. Sin embargo, hay una serie de casos especiales a considerar.

Ejemplos:
1. **Boy**   **Boys**
(bói) (bóis)
Niño Niños

2. **Book**   **Books**
(buc) (bucs)
Libro Libros

3. **Toy**   **Toys**
(tói)   (tóis)
Juguete   Juguetes

Casos especiales

a) Sustantivos terminados en "o" (precedida de una consonante) y los terminados en "sh", "ss", "z", "x" y "ch" forman su plural añadiendo "es" al singular.

Ejemplos:
1. **Hero**   **Heroes**
(jiérou)   *(jiérous)*
Héroe   Héroes

2. **Wish**   **Wishes**
(uísh)   *(uíshis)*
Deseo   Deseos

3. **Tax**   **Taxes**
(taks)   *(táksis)*
Impuesto   Impuestos

4. **Church**   **Churches**
(chorch)   *(chórchis)*
Iglesia   Iglesias

b) Sustantivos terminados en "y", precedida de una consonante, forman su plural cambiando la "y" por "ies".

Ejemplos:
1. **City**   **Cities**
(cíti)   *(cítis)*
Ciudad   Ciudades

c) Sustantivos terminados en "f" o "fe" forman su plural cambiando sus terminaciones por "ves".

Ejemplos:
1. **Leaf**   **Leaves**
(liif)   *(liivs)*
Hoja   Hojas

2. Knife   **Knives**
(náif)   *(náivs)*
Cuchillo   Cuchillos

Excepciones
1. Chief   **Chiefs**
(chiif)   *(chiifs)*
Jefe   Jefes

2. Roof   **Roofs**
(ruuf)   *(ruufs)*
Techo   Techos

3. Grief   **Griefs**
(griif)   *(griifs)*
Dolor   Dolores

4. Cliff   **Cliffs**
(clif)   *(clifs)*
Acantilado   Acantilados

5. Proof   **Proofs**
(pruuf)   *(pruufs)*
Prueba   Pruebas

d) Sustantivos terminados en "is" forman su plural cambiando la "i" por "e".

Ejemplos:
1. Axis   **Axes**
(áksis)   *(ácsiss)*
Eje   Ejes

2. Crisis   **Crises**

(*cráisis*)   (*cráisiss*)
Crisis   Crisis

e) Sustantivos que forman su plural irregularmente.

Ejemplos:

1. **Man**   **Men**
(*man*)   (*men*)
Hombre   Hombres

2. **Woman**   **Women**
(*wóman*)   (*wómen*)
Mujer   Mujeres

3. **Louse**   **Lice**
(*láus*)   (*láis*)
Piojo   Piojos

4. **Mouse**   **Mice**
(*máus*)   (*máis*)
Ratón   Ratones

5. **Tooth**   **Teeth**
(*tuuz*)   (*tiiz*)
Diente   Dientes

6. **Foot**   **Feet**
(*fut*)   (*fiit*)
Pie   Pies

7. **Goose**   **Geese**
(*guus*)   (*guiis*)
Ganso   Gansos

8. **Ox**	**Oxen**
(oks)	*(óksn)*
Buey	Bueyes

9. **Child**	**Children**
(cháild)	*(chíldren)*
Niño-a	Niños-as

10. **Deer**	**Deer**
(díer)	*(díer)*
Ciervo	Ciervos

11. **Sheep**	**Sheep**
(shiip)	*(shiip)*
Oveja	Ovejas

2.4) Tercera persona del singular: en general, cuando se conjugan "**he**" *(ji)*, "**she**" *(shi)* o "**it**" *(it)* en el tiempo presente, se agrega una "s" al verbo. Sin embargo, existen algunos casos especiales a considerar.

a) Cuando el verbo termina en "o", se añade "es" y se pronuncia dicha terminación *(ss)*.

Ejemplos:
1. **He, she, it**   **goes**
(ji, shi, it)   *(góuss)*
Él, ella, ello   va
Verbo "to go" *(tu góu)*, "**ir**"

b) Cuando el verbo termina en "y", precedida por una consonante, la "y" se cambia por "i" + "es", y la terminación "es" se pronuncia *(ss)*.

Ejemplos:
1. **He, she, it**   **flies**
(ji, shi, it)   *(fláiss)*
Él, ella, ello   vuela
Verbo "to fly." *(tu flái)*, **"volar"**

c) Cuando el verbo termina en "s", "sh", "ch", "x" y "z", se añade "es" y se pronuncia como una sílaba separada *(iss)*.

Ejemplos:
1. **He, she, it**   **washes**
(ji, shi, it)   *(uásh-iss)*
Él, ella, ello   lava
Verbo "to wash" *(tu uásh)*, **"lavar"**

d) Cuando el verbo termina en "ge", "ce" y "se", se añade "s" y la terminación "es" se pronuncia *(iss)*.

Ejemplos:
1. **He, she, it**   **uses**
(ji, shi, it)   *(yús-iss)*
Él, ella, ello   usa
Verbo "to use" *(tu yus)*, **"usar"**

2.5) El adjetivo y el adverbio

a) Posiciones

Del adjetivo: por regla general, en el inglés, el adjetivo (cuando no tiene función de predicado) se coloca antes del sustantivo al cual califica.

Ejemplos:

1. An **intelligent** student
(an intéliyent stiúdent)
Un estudiante inteligente

2. A **great** country
(e gréit cántri)
Un gran país

Del adverbio: por regla general, el adverbio se coloca antes de la palabra que modifica y después del auxiliar que se esté usando.

Ejemplos:

1. She **is** **very** nice
(shi is véri náis)
Ella es muy agradable

2. **Are** you **truly** ready for marriage?
(ar yu trúuli rédi for mérish)
¿Está usted verdaderamente preparado para el matrimonio?

Caso particular: obsérvense los siguientes ejemplos. El adverbio de tiempo no va colocado antes de la palabra que modifica, pero, en todo caso, **siempre** después del **auxiliar** usado (ejemplo 2).

Ejemplos:

1. He **always** **gets** up early
(ji ólweis guets ap érli)
Él siempre se levanta temprano

2. We **have** **often** visited her
(uí jav ófen vísitid jer)
Nosotros la hemos visitado a menudo (a ella)

b) Formación: por regla general, los adverbios se forman añadiendo "ly" a los adjetivos.

Ejemplos:
1. **Quick**   **Adjetivo**
(cuic)
Rápido
Quickly   **Adverbio**
(cuícli)
Rápidamente

2. **Faithful**   **Adjetivo**
(féizful)
Fiel
Faithfully   **Adverbio**
(féizfuli)
Fielmente

Casos especiales

b.1) Los adjetivos terminados en "y", precedida de consonante, cambian la "y" por "i", antes de añadir "ly".

Ejemplo:
1. **Easy**   **Adjetivo**
(ísi)
Fácil
Easily   **Adverbio**
(ísili)
Fácilmente

b.2) Los terminados en "ble" cambian la "e" por "y".

Ejemplo:
1. **Probable** Adjetivo
(próbobol)
Probable
Probably Adverbio
(próbobli)
Probablemente

b.3) Los terminados en "ue" pierden la "e" y luego se añade "ly".

Ejemplo:
1. **True** Adjetivo
(truu)
Verdadero
Truly Adverbio
(trúuli)
Verdaderamente

b.4) A muchos adjetivos terminados en "ic" se les añade "ally", pero a otros, "ly".

Ejemplos:
1. **Poetic** Adjetivo
(pouétic)
Poético
Poetically Adverbio
(pouéticali)
Poéticamente

2. **Public** Adjetivo
(páblic)
Público
Publicly Adverbio
(páblicli)
Públicamente

2.6) Los grados de comparación

a) Comparativos de igualdad

a.1) Delante de sustantivos, se forman con "as much... as" *(as moch... as)*, "tanto-a... como", para el singular, y "as many... as" *(as méni... as)*, "tantos-as... como", para el plural.

Ejemplos:
1. **She ḥas̱ as much money as John**
(shi jas as mach móni as yon)
Ella tiene tanto dinero como Juan

2. **He ḥas̱ as many books as you**
(ji has as méni bucs as yu)
Él tiene tantos libros como usted

a.2) Tratándose de adjetivos y adverbios, se forman con "as... as" *(as... as)*, "tan... como". En oraciones negativas, se usa también la forma "so... as" *(sóu...as)*, "tan... como", aunque no es obligatorio.

Ejemplos:
1. **He is as tall as I**
(ji is as tool as ái)
Él es tan alto como yo

2. **She is not so tall as he**
(shi is not sóu tool as ji)
Ella no es tan alta como él

b) Comparativos de superioridad

b.1) De adjetivos de más de una sílaba, de sustantivos y adverbios, se forman con "more... than" *(moor... dan)*, "más... que".

Ejemplos:
1. **Mary is more studious than I**
(méri is moor stiúdies dan ái)
María es más estudiosa que yo

2. **We haye more money than they**
(uí jav moor móni dan déi)
Nosotros tenemos más dinero que ellos

3. **He reads more quickly than John**
(ji rids moor cuícli dan yon)
Él lee más rápidamente que Juan

b.2) De adjetivos de una sílaba y algunos de dos sílabas de origen anglosajón, se forman con "er", seguido de "than" *(dan)*.

Ejemplos:
1. **Charles is taller than Mary**
(charls is tóoler dan méri)
Carlos es más alto que María

b.3) De adjetivos que terminan en "e", se forman suprimiendo la "e" y añadiendo "er". Los adjetivos terminados en "y" precedida de consonante, lo forman cambiando la "y" por "i", y añadiendo "er". Los adjetivos monosílabos que terminan en consonante después de vocal doblan la consonante antes de "er".

Ejemplos:
1. **Wide   Wider**
(uáid)(uáider)
Ancho   Más ancho
2. **Pretty   Prettier**
(príti) (prítier)
Bonito   Más bonito

3. **Big   Bigger**
(big) (bíguer)
Grande   Más grande

c) Comparativos de inferioridad

c.1) De sustantivos, adjetivos y adverbios, se forman con "less... than" *(les... dan)*, "menos... que".

Ejemplos:
1. **He has less friends than she**
(ji jas les frends dan shi)
Él tiene menos amigos que ella

2. **She is less intelligent than you**
(shi is les intéliyent dan yu)
Ella es menos inteligente que usted

3. **She runs less rapidly than Peter**
(shi rans les rápidli dan píter)
Ella corre menos rápidamente que Pedro

d) Superlativos de superioridad

d.1) De adjetivos y adverbios de más de una sílaba, se forman con the most *(de móust)* el más, la más, etcétera.

Ejemplos:
1. **Ann is the most interesting of the three sisters**
(an is de móust interésting ov de zrii sísters)
Ana es la más interesante de las tres hermanas

d.2) De los adjetivos y adverbios de una sílaba, y algunos de dos, se forman añadiéndoles "est" y colocando "the" *(de)* antes de los mismos.

Ejemplos:

1. **Wide**	**Wider**	**The widest**
(uáid)	*(uáider)*	*(di uáidist)*
Ancho	Más ancho	El más ancho

2. **Pretty**	**Prettier**	**The prettiest**
(príti)	*(prítier)*	*(de prítiest)*
Bonito	Más bonito	El más bonito

3. **Big**	**Bigger**	**The biggest**
(big)	*(bíguer)*	*(de bíguest)*
Grande	Más grande	El más grande

e) Superlativos de inferioridad

e.1) De adjetivos y adverbios, se forman con "the least" *(de liist)*, "el menos, la menos", etcétera.

Ejemplos:
1. **This is the least difficult lesson in the book**
(dis is de list díficolt léson in de buc)
Esta es la lección menos difícil en el libro

2. **Matthew is the less fat boy in the class**
(mátiu is de les fat bói in de clas)
Mateo es el niño menos gordo de la clase

f) Comparativos de similaridad y diferenciación

Tipo 1

	like *(láic)*	
A	**is similar to** *(símilar)*	**B**
	different from *(díferent from)*	

	como	
A	es similar a	B
	diferente de	

Ejemplo:

	like	
1. **A car**	**is similar to**	**a bus**
(e car is)	**different from**	*(e bas)*

	como	
Un carro	es similar a	un bus
	diferente de	

Tipo 2

		alike *(aláic)*
	A and B	**are similar** *(símilar)*
		different *(díferent)*

		parecidos
	A y B	son similares
		diferentes

Ejemplo:

1. A car and a bus <u>are</u>	**alike**
	similar
(e car and e bas ar)	**different**
Un carro y un bus son	parecidos
	similares
	diferentes

g) Comparativos y superlativos irregulares

g.1) De adjetivos

Good	**Better**	**The best**
(gud)	*(bérer)*	*(de best)*
Bueno	Mejor	El mejor

Bad	**Worse**	**The worst**
(bad)	*(uórs)*	*(di uórst)*
Malo	Peor	El peor

Old	**Older**	**The oldest**
(óuld)	*(óulder)*	*(di óuldest)*
Viejo	Más viejo	El más viejo

Elder	**The eldest**	
(élder)	*(di éldest)*	
Mayor	El mayor	

Far	**Farther**	**The farthest**
(faar)	*(fáarder)*	*(de fáardest)*
Lejos	Más lejos	El más lejos

g.2) De adverbios

Well	**Better**	**The best**
(uél)	*(bérer)*	*(de best)*
Bien	Mejor	Lo mejor
Badly	**Worse**	**The worst**
(bádli)	*(uórs)*	*(di uórst)*
Mal	Peor	Lo peor
Far	**Farther**	**The farthest**
(fáar)	*(fáarder)*	*(de fáardest)*
Lejos	Más lejos	Lo más lejos
Little	**Less**	**The least**
(lítel)	*(les)*	*(de list)*
Poco	Menos	Lo menos
Much	**More**	**The most**
(mach)	*(moor)*	*(de móust)*
Mucho	Más	Lo más

NOTAS IMPORTANTES:

Por supuesto, hay muchas otras reglas en el inglés; sin embargo, hemos procurado incluir en esta sección las que consideramos **fundamentales**, en concordancia con el propósito de este libro.

3. Elementos gramaticales básicos

3.1) Adjetivos más usuales

Bueno: **good** *(gud)*
Malo: **bad** *(bad)*

Bonito: **pretty** *(príti)*
Feo: **ugly** *(ágli)*
Grande: **big** *(big)*
Pequeño: **little** *(lítel)*
Alto: **tall** *(tool)*
Bajo: **short** *(short)*
Gordo: **fat** *(fat)*
Delgado: **slim** *(slim)*
Joven: **young** *(yang)*
Viejo: **old** *(óuld)*
Largo: **long** *(long)*
Corto: **short** *(short)*
Inteligente: **intelligent** *(intéliyent)*
Tonto: **fool** *(fuul)*
Suave: **soft** *(soft)*
Duro: **hard** *(jard)*
Dulce: **sweet** *(suíit)*
Amargo: **bitter** *(bíter)*
Frío: **cold** *(cóuld)*
Caliente: **hot** *(jot)*
Claro: **clear** *(clíer)*
Oscuro: **dark** *(darc)*
Fuerte: **strong** *(strong)*
Débil: **weak** *(uíic)*
Alto: **high** *(jái)*
Profundo: **deep** *(diip)*
Grande (de extensión): **large** *(larsh)*
Pequeño: **small** *(smool)*
Rico: **rich** *(rich)*
Pobre: **poor** *(puur)*
Rápido: **quick** *(cuíc)*
Lento: **slow** *(slóu)*
Ancho: **wide** *(uáid)*
Angosto: **narrow** *(nárou)*

Amable: **kind** *(káind)*
Grosero: **rude** *(ruud)*
Brillante: **shiny** *(sháini)*
Opaco: **opaque** *(oupéic)*
Limpio: **clean** *(cliin)*
Sucio: **dirty** *(dérti)*
Escaso: **scarce** *(skéas)*
Abundante: **plentiful** *(pléntiful)*
Feliz: **happy** *(jápi)*
Triste: **sad** *(sad)*
Fácil: **easy** *(íissi)*
Difícil: **difficult** *(díficolt)*
Posible: **posible** *(pósibol)*
Imposible: **imposible** *(impósibol)*
Verdadero: **true** *(truu)*
Falso: **false** *(fools)*
Real: **real** *(riél)*
Irreal: **unreal** *(anriél)*
Seguro: **sure** *(shuur)*
Inseguro: **unsure** *(anshúur)*

3.2) Adverbios principales

a) De lugar

Ahí, allí, allá: **there** *(déar)*
Aquí: **here** *(jíer)*
Cerca: **near** *(níer)*
Lejos: **far** *(far)*
En frente: **in front** *(in front)*
Dentro: **inside** *(insáid)*
Fuera: **out** *(áut)*
Afuera: **outside** *(autsáid)*

Delante: **before** *(bifór)*
Detrás: **behind** *(bejáind)*
Arriba: **above** *(abáv)*
Abajo: **below** *(bilóu)*
Encima: **over** *(óuver)*
Debajo: **under** *(ánder)*
Dónde: **where** *(uér)*

b) De tiempo

Hoy: **today** *(tudéi)*
Ayer: **yesterday** *(yésterdi)*
Anteayer: **the day before yesterday** *(de déi bifór yésterdi)*
Mañana: **tomorrow** *(tumórou)*
Ahora: **now** *(náu)*
Antes: **before** *(bifór)*
Entonces, luego: **then** *(den)*
Tarde: **late** *(léit)*
Temprano: **early** *(érli)*
Presto: **ready** *(rédi)*
Pronto: **soon** *(suun)*
Siempre: **always** *(ólweis)*
Siempre, alguna vez: **ever** *(éver)*
Nunca: **never** *(néver)*
Ya: **already** *(olrédi)*
Mientras: **while** *(uáil)*
Aún: **even** *(íven)*
Todavía: **still** *(stil)*, **yet** *(yet)*
Cuando: **when** *(uén)*
Usualmente: **usually** *(yúshuali)*
A menudo: **often** *(ófen)*
Generalmente: **generally** *(yénerali)*
Pocas veces: **seldom** *(séldom)*
Raramente: **rarely** *(rérli)*

Repentinamente: **suddenly** *(sádenli)*
Algunas veces: **sometimes** *(sómtaims)*
Eventualmente: **eventually** *(evénchuali)*

c) De modo

Bien: **well** *(uél)*
Mal: **badly** *(bádli)*
Así: **so** *(sóu)*
Apenas: **scarcely** *(skéasli)*
Excepto: **except** *(eksépt)*

Cómo: **how** *(jáu)*
Plenamente: **fully** *(fúli)*
Completamente: **completely** *(complíitli)*
Absolutamente: **absolutely** *(ábsoluutli)*
Definidamente: **definitely** *(définetli)*
Felizmente: **happily** *(jápili)*
Animadamente: **cheerfully** *(chiérfuli)*
Cuidadosamente: **carefully** *(kérfuli)*
Satisfactoriamente: **satisfactorily** *(satisfáctorili)*
Efectivamente: **effectively** *(eféctibli)*
Lentamente: **slowly** *(slóuli)*
Constantemente: **constantly** *(cónstantli)*
Concienzudamente: **thoroughly** *(zároli)*

d) De cantidad

Más: **more** *(moor)*
Menos: **less** *(les)*
Mucho: **much** *(mach)*, **a lot of** *(e lot ov)*, **a great deal** *(e gréit diil)*
Poco: **little** *(lítel)*
Un poco: **a little** *(e lítel)*
Muy: **very** *(véri)*

Casi: **almost** *(ólmoust)*
Bastante: **quite** *(cuáit)*
Tanto: **so much** *(sóu mach)*
Tantos: **so many** *(sóu méni)*
Nada: **nothing** *(názing)*
Todo: **all** *(ool)*
Cuánto: **how much** *(jáu mach)*
Cuántos: **how many** *(jáu méni)*
Demasiado: **too** *(tuu)*

e) De afirmación

Sí: **yes** *(yes)*
Ciertamente: **certainly** *(cértenli)*
Verdaderamente: **truly** *(trúuli)*
También: **too** *(tuu)*
Seguramente: **surely** *(shúurli)*

f) De negación

No: **no** *(nóu)*
Nunca: **never** *(néver)*
Tampoco: **neither** *(náider)*

g) De posibilidad

Quizás: **maybe** *(méibii)*
Tal vez: **perhaps** *(perjáps)*
Probablemente: **probably** *(próbobli)*

3.3) Preposiciones

A: **to** *(tuu)*
De: **of** *(ov)*

En (adentro): **in** *(in)*
En (sobre): **on** *(on)*
En (de lugar): **at** *(at)*
Ante: **before** *(bifór)*
Bajo: **under** *(ánder)*
Con: **with** *(uíz)*
Contra: **against** *(eguéinst)*
Hacia: **toward** *(tóword)*
Hasta: **until** *(antíl)*
Para: **to** *(tuu)*, **for** *(for)*
Por: **for** *(for)*, **by** *(bái)*
Sin: **without** *(uizáut)*
Según: **according to** *(acórding tu)*
Sobre: **about** *(abáut)*
Tras: **beyond** *(biyónd)*

3.4) Conjunciones

a) Copulativas: "and" *(and)*, "y"; "neither... nor" *(náider... nor)*, "ni... ni"; "that" *(dat)*, "que".

Ejemplo:
1. **Neither rich nor poor**
(náider rich nor puur)
Ni rico, ni pobre

b) Disyuntivas: "or" *(oor)*, "o", "u", "de otro modo", "de lo contrario".

c) Adversativas: "but" *(bat)*, "pero", "sino", "mas"; "although" *(óoldou)*, "though" *(dóu)*, "aunque"; "however" *(jauéver)*, "sin embargo".

d) Causales: "for" *(for)*, "since" *(sins)*, "pues"; "because" *(bicóss)*, "porque"; since *(sins)*, "ya que", "puesto que".

e) Condicionales: "if" *(if)*, "whether" *(uéder)* "si"; "as if" *(as if)*, "como si"; "just in case" *(yost in kéis)*, "por si acaso"; "otherwise" *(óderwaiss)* "sino".

f) Temporales: "since" *(sins)*, "desde que", "después que".

g) Finales: "so that" *(sóu dat)*, "in order that" *(in órder dat)*, "a fin de que".

4. Costrucciones especiales del inglés

4.1) Con "to want" (tu uónt), **"querer"; "to ask"** (tu asc), **"pedir"; y "to tell"** (tu tel), **"decir"**
Querer que alguien haga algo, **pedir a alguien que** haga algo, **decir a alguien que** haga algo.

Ejemplos:
1. **She wants me to come tomorrow**
(shi uónts mi tu com tomórou)
Ella quiere que (yo) venga mañana

2. **Peter asked her to go away**
(píter asct jer tu góu euéi)
Pedro le pidió a ella que se fuera

3. **They'll tell John to help her**
(déil tel yon tu jelp jer)
Ellos le dirán a Juan que la ayude (a ella)

4. **Do you want me to work today?**

(du yu uónt mi tu uórc tudéi?)
¿Quiere (usted) que (yo) trabaje hoy?

4.2) Con "ţọ.mạḳẹ" (tu méic), "obligar"; **y "ţọ.lẹţ"** (tu let), "permitir"
Obligar a alguien que haga algo, **permitir que** alguien haga algo.

Ejemplos:
1. He mạḍẹ her gẹţ back
(ji méid jer guet bac)
Él hizo que ella regresara (o él la obligó a regresar)

2. They lẹţ him ẉạiţ
(déi let jim uéit)
Ellos le permitieron a él que esperara (o ellos le permitieron a él esperar)

NOTAS IMPORTANTES:
Nótese que, en las anteriores construcciones, los verbos que acompañan a "ẉạnţ" *(uónt)*, "ạṣḳ" *(asc)* y "ţẹll" *(tel)* deben ir con su infinitivo, usando "to" *(tu)*, mientras que los que acompañan a "mạḳẹ" *(méic)* y a "lẹţ" *(let)* no lo requieren.

4.3) Peticiones con "would"

Ejemplo:
1. Would you ọpẹn the door, please?
(wud yu óupen de door pliis?)
¿Abriría la puerta, por favor? **(L)**
¿Podría abrir la puerta, por favor? **(I)**

4.4) Peticiones y ofrecimientos con "will"

Ejemplos:
1. Will you mail this letter for me?
(uíl yu méil dis léter for mi?)
¿Enviará esta carta por mí? (L)
¿Me hace el favor de enviarme esta carta? (I)

2. I'll answer the phone for you
(áil ánser de fóun for yu)
(Yo) contestaré el teléfono por usted (L)
Le haré el favor de contestar el teléfono (I)

4.5) Peticiones con "to mind" (tu máind), "importar"

Ejemplo:
1. Would you mind waiting for me?
(wud yu máind uéiting for mi?)
¿Le importaría esperarme?

4.6) Expresión "acabar de", usando "to have"

Ejemplo:
1. I have just gotten here
(ái jav yost góten jíer)
(Yo) justo he llegado aquí (L)
(Yo) acabo de llegar aquí (I)

4.7) Cláusulas gramaticales básicas

Ejemplos:
1. If they pay me now, I will work tomorrow all day long
(if déi péi mi náu, ái uíl uórc tomórou óol déi long)
Si ellos me pagan ahora, (yo) trabajaré mañana todo el día

Cláusula subjuntivo presente – futuro: "if" al principio

2. I __will__ __work__ tomorrow all day long __if__ they __pay__ me now
(ái uíl uórc tomórou ool déi long if déi péi mi náu)
(Yo) trabajaré mañana todo el día __si__ ellos me pagan ahora
Cláusula futuro – subjuntivo presente: "if" intermedio

3. __If__ you __studied__ harder, you ~~would~~ __learn__ more
(if yu stádid járder, yu wud lern moor)
__Si__ (tú) estudiaras más duro, aprenderías más
Cláusula subjuntivo pasado – potencial: "if" al principio

4. You ~~would~~ __learn__ more __if__ you __studied__ harder
(yu wud lern mor if yu stádid járder)
Tú aprenderías más __si__ estudiaras más duro
Cláusula potencial – subjuntivo pasado: "if" intermedio

5. __If__ they __had__ __ordered__ the lunch earlier, we ~~would~~ __have__ __prepared__ it in time
(if déi jad órderd de lanch érlier, uí wud jav prepérd it in táim)
__Si__ ellos hubieran ordenado el almuerzo más temprano, (nosotros) lo habríamos preparado a tiempo
Cláusula subjuntivo pasado perfecto – potencial perfecto: "if" al principio

6. We ~~would~~ __have__ __prepared__ it in time __if__ they __had__ __ordered__ the lunch earlier
(uí wud jav prepérd it in táim if déi jad órderd de lanch érlier)
(Nosotros) lo habríamos preparado a tiempo __si__ ellos hubieran ordenado el almuerzo más temprano
Cláusula potencial perfecto – subjuntivo pasado perfecto: "if" intermedio

4.8) Verbo "to be" en conjugaciones especiales

Presente subjuntivo   Pasado subjuntivo

That I be (dat ái bi)	Que yo sea (dat ái uér)	That I were	Que yo fuera
That you be (dat yu bi)	Que usted sea que tú seas	That you were (dat yu uér)	Que usted fuera, que tú fueras
That he be (dat ji bi)	Que él sea (dat ji uér)	That he were	Que él fuera
That she be (dat shi bi)	Que ella sea (dat shi uér)	That she were	Que ella fuera
That it be (dat it bi)	Que ello sea (dat it uér)	That it were	Que ello fuera
That we be (dat uí bi)	Que nosotros	That we were (dat uí uér)	Que nosotros seamos fuéramos
That you be (dat yu bi)	Que ustedes sean, que vosotros seáis, que vosotros fuérais	That you were (dat yu uér)	Que ustedes fueran
That they be (dat déi bi)	Que ellos-as sean Que ellos-as fueran	That they were (dat déi uér)	

"Be" para todas las personas "Were" para todas las personas

Apéndices

A) El alfabeto inglés

A *(éi)*
B *(bi)*
C *(si)*
D *(di)*
E *(i)*
F *(ef)*
G *(yi)*
H *(éich)*
I *(ái)*
J *(yéi)*
K *(kéi)*
L *(el)*
M *(em)*
N *(en)*
O *(óu)*
P *(pi)*
Q *(kiú)*
R *(ar)*
S *(es)*
T *(ti)*
U *(iú)*
V *(vi)*

W *(dábliu)*
X *(eks)*
Y *(uái)*
Z *(ssi o ssed)*

B) Vocabulario temático básico

Casa

Alfombra: **carpet** *(cárpit)*
Baño: **bathroom** *(báazrum)*
Bebé: **baby** *(béibi)*
Casa: **house** *(jáus)*
Cama: **bed** *(bed)*
Cielo raso: **ceiling** *(cíiling)*
Cocina: **kitchen** *(kítchin)*
Comedor: **dining-room** *(dáining-ruum)*
Comida: **meal** *(miil)*
Cortina: **curtain** *(cóortn)*
Cuadro: **picture** *(pícchor)*
Cuarto: **room** *(ruum)*
Desayuno: **breakfast** *(brécfast)*
Dormitorio: **bedroom** *(bédrum)*
Espejo: **mirror** *(míror)*
Familia: **family** *(fámili)*

Gato: **cat** *(cat)*
Hija: **daughter** *(dórer)*
Hijo: **son** *(son)*
Hogar: **home** *(jóum)*
Iglesia: **church** *(chorch)*
Jardín: **garden** *(gárden)*
Lámpara: **lamp** *(lamp)*
Luz: **light** *(láit)*

Mamá: **mother** *(máder)*
Mesa: **table** *(téibol)*
Papá: **father** *(fáader)*
Pared: **wall** *(uóol)*
Patio: **yard** *(yard)*
Pelota: **ball** *(bool)*
Perro: **dog** *(dog)*
Piso: **floor** *(floor)*
Puerta: **door** *(door)*
Sala: **living-room** *(líving-ruum)*
Silla: **chair** *(chéar)*
Taza: **cup** *(cap)*
Vaso: **glass** *(glaas)*
Ventana: **window** *(uíndóu)*

Calle

Alimento: **food** *(fuud)*
Aeropuerto: **airport** *(éarpoort)*
Avenida: **avenue** *(áveniúu)*
Avión: **airplane** *(éarpléin)*
Banco: **bank** *(bangc)*

Banqueta: **sidewalk** *(sáiduóc)*
Biblioteca: **library** *(láibreri)*
Bicicleta: **bicycle** *(báisicol)*
Bus: **bus** *(bas)*
Calle: **street** *(striit)*
Camión: **truck** *(trac)*
Carro: **car** *(caar)*
Centro (de la ciudad): **downtown** *(dántáun)*
Cine: **movie** *(múuvi)*
Ciudad: **city** *(cíti)*
Correo (oficina): **post-office** *(póust-ófis)*

Cuadra: **block** *(bloc)*
Edificio: **building** *(bílding)*
Estadio: **stadium** *(stéidiom)*
Farmacia: **drugstore** *(drágstoor)*
Hospital: **hospital** *(jóspitol)*
Joyería: **jewelry** *(yúuelri)*
Librería: **bookstore** *(búcstoor)*
Motocicleta: **motorcycle** *(móutorsáikel)*
Parada de bus: **bus-stop** *(bas-stop)*
Parque: **park** *(parc)*
Parque central: **central park** *(céntral parc)*
Piscina: **swimming-pool** *(suíming-puul)*
Restorán: **restaurant** *(réstorant)*
Semáforo: **traffic light** *(tráficláit)*
Supermecado: **supermarket** *(súupermárkit)*
Teatro: **theathre** *(ziérer)*
Zona: **zone** *(ssóun)*
Zoológico: **zoo** *(ssuu)*

Colegio

Alumno-a: **pupil** *(piúupel)*
Amigo-a: **friend** *(frend)*
Aula: **classroom** *(cláasrum)*
Bandera: **flag** *(flag)*
Borrador: **eraser** *(iréisser)*
Bus escolar: **school bus** *(skuul bas)*
Campana: **bell** *(bel)*
Clase: **class** *(claas)*
Colegio (escuela): **school** *(skuul)*
Cuaderno: **notebook** *(nóutbuc)*
Escritorio: **desk** *(desc)*
Examen: **exam** *(igssám)*
Fiesta: **party** *(párti)*

Lápiz: **pencil** *(péncil)*
Lección: **lesson** *(léson)*
Libro: **book** *(buc)*
Maestro-a: **teacher** *(tíicher)*
Niña: **girl** *(guérl)*
País: **country** *(cántri)*
Pizarrón: **blackboard** *(blácboord)*
Pluma: **pen** *(pen)*
Sacapuntas: **pencilsharpener** *(péncilshárpiner)*
Timbre: **ring** *(ring)*
Uniforme: **uniform** *(yúniform)*
Yeso: **chalk** *(chooc)*

Trabajo

Almuerzo: **lunch** *(lanch)*
Billete: **bill** *(bil)*
Calendario: **calendar** *(cálender)*
Calculadora: **calculator** *(cálkiuléiter)*
Carta: **letter** *(léter)*
Cita: **appointment** *(apóintment)*
Cliente: **client** *(cláint)*
Copia: **copy** *(cópi)*
Dinero: **money** *(móni)*
Empleado: **employee** *(imploií)*
Empleo: **job** *(yab)*
Engrapadora: **stapler** *(stéipler)*
Fotocopia: **photocopy** *(fóutoucópi)*
Jefe: **boss** *(bos)*
Máquina de escribir: **typewriter** *(táipráiter)*
Oficina: **office** *(ófis)*
Papel: **paper** *(péiper)*
Periódico: **newspaper** *(niúspéiper)*
Precio: **price** *(práis)*

Premio: **prize** *(práiss)*
Reunión: **meeting** *(míiting)*
Revista: **magazine** *(magassíin)*
Secretaria: **secretary** *(sécretari)*
Sueldo: **salary** *(sálari)*
Trabajador: **worker** *(uórker)*
Trabajo: **work** *(uórc)*

Cuerpo

Abrigo: **coat** *(cóut)*
Anillo: **ring** *(ring)*
Anteojos: **glasses** *(gláasis)*
Aretes: **earrings** *(íering)*
Boca: **mouth** *(máuz)*
Blusa: **blouse** *(bláuss)*
Calceta: **stocking** *(stóking)*
Calcetín: **sock** *(soc)*
Camisa: **shirt** *(sheert)*
Collar: **necklace** *(néclis)*
Cuerpo: **body** *(bódi)*
Dedos: **fingers** *(fínguers)*
Dientes: **teeth** *(tiiz)*
Chaqueta: **jacket** *(yákit)*
Falda: **skirt** *(skeert)*
Gorra: **bonnet** *(bónit)*
Mano: **hand** *(jand)*
Oídos: **ears** *(íers)*
Ojos: **eyes** *(áis)*
Pantalones: **trousers** *(tráussers)*
Pelo: **hair** *(jéar)*
Piel: **skin** *(skin)*
Pies: **feet** *(fiit)*
Reloj: **clock** *(cloc)*

Reloj (de pulsera): **watch** *(uátch)*
Ropa: **clothes** *(clóuds)*
Ropa interior: **underwear** *(ánderuéar)*
Sombrero: **hat** *(jat)*
Suéter: **sweater** *(suéter)*
Toalla: **towel** *(táuel)*
Zapatos: **shoes** *(shuus)*

Campo

Agua: **water** *(uóoter)*
Aire: **air** *(éar)*
Árbol: **tree** *(trii)*
Arco iris: **rainbow** *(réinbou)*
Ave: **bird** *(beerd)*
Vaca: **cow** *(cáu)*
Bosque: **forest** *(fórest)*
Caballo: **horse** *(joors)*
Campo (provincia): **country** *(cántri)*
Campo (terreno): **field** *(fiild)*
Cerca: **fence** *(fens)*
Cielo: **sky** *(skái)*
Conejo: **rabbit** *(rábit)*
Estrellas: **stars** *(staars)*
Flor: **flower** *(fláuer)*
Fruta: **fruit** *(fruut)*
Fuego: **fire** *(fáir)*
Gallina: **hen** *(jen)*
Huevos: **eggs** *(egs)*
Lago: **lake** *(léic)*
Leche: **milk** *(milc)*
Luna: **moon** *(muun)*
Lluvia: **rain** *(réin)*
Montaña: **mountain** *(máuntin)*

Pollito: **chick** *(chic)*
Pollo: **chicken** *(chíkin)*
Provincia: **country** *(cántri)*

Puerco: **pig** *(pig)*
Río: **river** *(ríver)*
Valle: **valley** *(váli)*

NOTAS IMPORTANTES:

El propósito de este **Vocabulario Temático Básico** es proporcionar una **herramienta** para buscar con prontitud palabras de uso cotidiano, ubicadas por temas (de allí su nombre), ordenadas también alfabéticamente, como soporte para el aprendizaje básico.

C) Contracciones

1. Ain't
(éint)

I am not
(ái am not)

2. Aren't
(árent)

Are not
(ar not)

3. Can't
(cant)

Cannot
(cánot)

4. Could've
(cudev)

Could have
(cud jav)

5. Daren't
(déerent)

Dare not
(déer not)

6. Didn't
(dídent)

Did not
(did not)

7. Doesn't
(dósent)

Does not
(dos not)

8. Don't
(dont)

Do not
(du not)

9. Hadn't
(jádent)

Had not
(jad not)

10. Hasn't
(jásent)

Has not
(has not)

11. Haven't
(jávent)

Have not
(jav not)

12. He'd
(jid)

He had, he would
(ji jad, ji wud)

13. He'll
(jil)

He will
(ji uíl)

14. He's
(jis)

He is, he has
(ji is, ji jas)

15. I'd
(áid)

I had, I would
(ái jad, ái wud)

16. I'll
(áil)

I will
(ái uíl)

17. I'm
(áim)

I am
(ái am)

18. Isn't
(ísent)

Is not
(is not)

19. I've
(áiv)

I have
(ái jav)

20. Let's
(lets)

Let us
(let os)

21. Mayn't
(méient)

May not
(méi not)

22. Mightn't
(máitent)

Might not
(máit not)

23. Mustn't
(mástent)

Must not
(mast not)

24. Needn't
(níident)

Need not
(niid not)

25. Oughtn't
(óotent)

Ought not
(óot not)

26. Shan't
(shant)

Shall not
(shal not)

27. Shouldn't
(shúdent)

Should not
(shud not)

28. Should've
(shúdev)

Should have
(shud jav)

29. They'd
(déid)

They had, they would
(déi jad, déi wud)

30. They'll
(déil)

They will
(déi uíl)

31. They're
(déir)

They are
(déi ar)

32. They've
(déiv)

They have
(déi jav)

33. 'twas
(tuóss)

It was
(it uóss)

34. 'twill
(tuíl)

It will
(it uíl)

35. Was't
(uóssent)

Was not
(uóss not)

36. We'd
(uíd)

We had, we would
(uí jad, uí wud)

37. We'll
(uíl)

We will
(uí uíl)

38. We're
(uír)

We are
(uí ar)

39. Weren't
(uérent)

Were not
(uér not)

40. We've
(uív)

We have
(uí jav)

41. Won't
(uónt)

Will not
(uíl not)

42. Wouldn't   **Would not**
(wúdent)   *(wud not)*

43. Would've   **Would have**
(wúdev)   *(wud jav)*

44. You'd   **You had, you would**
(yud)   *(yu jad, yu wud)*

45. You'll   **You will**
(yul)   *(yu uíl)*

46. You're   **You are**
(yur)   *(yu ar)*

47. You've   **You have**
(yuv)   *(yu jav)*

NOTAS IMPORTANTES:

En el inglés moderno, es muy frecuente el uso de contracciones, especialmente en conversaciones. En comunicaciones escritas formales, no se considera muy educado su uso, pues puede interpretarse como falta de seriedad, de buen gusto, de elegancia o incluso de respeto de parte de quien escribe (hacia personas que no se conocen lo suficiente o desconocidas). Sin embargo, en comunicaciones escritas dirigidas a familiares y amigos, denotan el grado de confianza que se tiene con tales personas.

D) Verbos regulares e irregulares (con todas sus *pronunciaciones*)

D.1) Verbos regulares

Infinitivo	Pasado	Participio pasado	Significado (infinitivo)
To abandon *(tu abándon)*	abandoned *(abándond)*	abandoned *(abándond)*	**Abandonar**
To accompany *(tu acámpani)*	accompanied *(acámpanid)*	accompanied *(acámpanid)*	**Acompañar**
To add *(tu ad)*	added *(ádid)*	added *(ádid)*	**Agregar**
To address *(tu adrés)*	addressed *(adrést)*	addressed *(adrést)*	**Dirigir la palabra**
To advise *(tu adváis)*	advised *(adváist)*	advised *(adváist)*	**Aconsejar**
To agree *(tu egríi)*	agreed *(egríid)*	agreed *(egríid)*	**Acordar**
To aid *(tu éid)*	aided *(éidid)*	aided *(éidid)*	**Ayudar**
To amuse *(tu amiús)*	amused *(amiúst)*	amused *(amiúst)*	**Divertir**
To answer *(tu ánser)*	answered *(ánserd)*	answered *(ánserd)*	**Contestar**
To announce *(tu anáuns)*	announced *(anáunst)*	announced *(anáunst)*	**Anunciar**
To arrange *(tu aréinsh)*	arranged *(aréinsht)*	arranged *(aréinsht)*	**Arreglar**
To arrive *(tu aráiv)*	arrived *(aráivd)*	arrived *(aráivd)*	**Arribar**
To ask *(tu ask)*	asked *(asct)*	asked *(asct)*	**Pedir, preguntar**
To assure *(tu eshúur)*	assured *(eshúurd)*	assured *(eshúurd)*	**Asegurar**
To attain *(tu atáin)*	attained *(atáind)*	attained *(atáind)*	**Alcanzar**

Infinitivo	Pasado	Participio pasado	Significado (infinitivo)
To appear *(tu apíer)*	**appeared** *(apíerd)*	**appeared** *(apíerd)*	Aparecer
To avoid *(tu evóid)*	**avoided** *(evóidid)*	**avoided** *(evóidid)*	Evitar
To believe *(tu bilív)*	**believed** *(bilívd)*	**believed** *(bilívd)*	Creer
To belong *(tu bilóng)*	**belonged** *(bilóngd)*	**belonged** *(bilóngd)*	Pertenecer
To bet *(tu bet)*	**betted** *(bétid)*	**betted** *(bétid)*	Apostar
To blend *(tu blend)*	**blended** *(bléndid)*	**blended** *(bléndid)*	Mezclar
To bless *(tu bles)*	**blessed** *(blest)*	**blessed** *(blest)*	bendecir
To blot *(tu blot)*	**blotted** *(blótid)*	**blotted** *(blótid)*	Borrar, manchar (con secante, con tinta)
To brush *(tu brash)*	**brushed** *(brasht)*	**brushed** *(brasht)*	Cepillar
To build *(tu bild)*	**builded** *(bíldid)*	**builded** *(bíldid)*	Construir
To burn *(tu bern)*	**burned** *(bernd)*	**burned** *(bernd)*	Quemar
To call *(tu cool)*	**called** *(coold)*	**called** *(coold)*	Llamar
To carry *(tu cári)*	**carried** *(cárid)*	**carried** *(cárid)*	Llevar, cargar
To celebrate *(tu célebreit)*	**celebrated** *(célebreitid)*	**celebrated** *(célebreitid)*	Celebrar
To change *(tu chéincht)*	**changed** *(chéincht)*	**changed** *(chéincht)*	Cambiar
To clean *(tu cliin)*	**cleaned** *(cliind)*	**cleaned** *(cliind)*	Limpiar
To close *(tu clóuss)*	**closed** *(clóussd)*	**closed** *(clóussd)*	Cerrar

Infinitivo	Pasado	Participio pasado	Significado (infinitivo)
To comb *(tu cóum)*	combed *(cóumd)*	combed *(cóumd)*	Peinar
To compose *(tu compóuss)*	composed *(compóussd)*	composed *(compóussd)*	Componer
To compel *(tu compél)*	compelled *(compéld)*	compelled *(compéld)*	Obligar
To conquer *(tu cóngker)*	conquered *(cóngkerd)*	conquered *(cóngkerd)*	Vencer, conquistar
To consider *(tu consíder)*	considered *(consíderd)*	considered *(consíderd)*	Considerar
To contain *(tu contéin)*	contained *(contéind)*	contained *(contéind)*	Contener
To convert *(tu cónvert)*	converted *(cónvertid)*	converted *(cónvertid)*	Convertir
To cook *(tu kuc)*	cooked *(kuct)*	cooked *(kuct)*	Cocinar
To cough *(tu cof)*	coughed *(coft)*	coughed *(coft)*	Toser
To cross *(tu cros)*	crossed *(crost)*	crossed *(crost)*	Cruzar
To cry *(tu crái)*	cried *(cráid)*	cried *(cráid)*	Llorar
Tu curse *(tu keers)*	cursed *(keerst)*	cursed *(keerst)*	Maldecir
To dance *(tu daans)*	danced *(daanst)*	danced *(daanst)*	Bailar, danzar
To deceive *(tu disíiv)*	deceived *(disíivd)*	deceived *(disíivd)*	Engañar
To delay *(tu diléi)*	delayed *(diléid)*	delayed *(diléid)*	Tardar
To deliver *(tu dilíver)*	delivered *(dilíverd)*	delivered *(dilíverd)*	Entregar
To deny *(tu dinái)*	denied *(dináid)*	denied *(dináid)*	Negar

Infinitivo	Pasado	Participio pasado	Significado (infinitivo)
To deserve *(tu dissérv)*	deserved *(disservd)*	deserved *(dissérvd)*	Merecer
To desire *(tu disáier)*	desired *(disáierd)*	desired *(disáierd)*	Desear
To detain *(tu ditéin)*	detained *(ditéind)*	detained *(ditéind)*	Detener
To die *(tu dái)*	died *(dáid)*	died *(dáid)*	Morir
To dine *(tu dáin)*	dined *(dáind)*	dined *(dáind)*	Comer (cenar)
To dip *(tu dip)*	dipped *(dipt)*	dipped *(dipt)*	Sumergir
To discover *(tu discáver)*	discovered *(discáverd)*	discovered *(discáverd)*	Descubrir
To distinguish *(tu distíngwish)*	distinguished *(distíngwisht)*	distinguished *(distíngwisht)*	Distinguir
To direct *(tu diréct)*	directed *(diréctid)*	directed *(diréctid)*	Dirigir
To divide *(tu diváid)*	divided *(diváidid)*	divided *(diváidid)*	Dividir
To doubt *(tu dáut)*	doubted *(dáutid)*	doubted *(dáutid)*	Dudar
To dream *(tu driim)*	dreamed *(driimd)*	dreamed *(driimd)*	Soñar
To dry *(tu drái)*	dried *(dráid)*	dried *(dráid)*	Secar
To earn *(tu eern)*	earned *(eernd)*	earned *(eernd)*	Ganar
To employ *(tu implói)*	employed *(implóid)*	employed *(implóid)*	Emplear
To enjoy *(tu inyói)*	enjoyed *(inyóid)*	enjoyed *(inyóid)*	Disfrutar
To enter *(tu énter)*	entered *(énterd)*	entered *(énterd)*	Entrar
To excuse *(tu ekskiús)*	excused *(ekskiúst)*	excused *(ekskiúst)*	Excusar

Infinitivo	Pasado	Participio pasado	Significado (infinitivo)
To exist	existed	existed	Existir
(tu egsíst)	*(egsístid)*	*(egsístid)*	
To explain	explained	explained	Explicar
(tu ekspléin)	*(ekspléind)*	*(ekspléind)*	
To express	expressed	expressed	Expresar
(tu eksprés)	*(eksprést)*	*(eksprést)*	
To extend	extended	extended	Extender
(tu eksténd)	*(eksténdid)*	*(eksténdid)*	
To fear	feared	feared	Temer
(tu fíer)	*(fíerd)*	*(fíerd)*	
To figure	figured	figured	Figurar
(tu fíguer)	*(fíguerd)*	*(fíguerd)*	
To fill	filled	filled	Llenar
(tu fil)	*(fild)*	*(fild)*	
To finish	finished	finished	Finalizar
(tu fínish)	*(fínisht)*	*(fínisht)*	
To fix	fixed	fixed	Fijar, arreglar
(tu fiks)	*(fikst)*	*(fikst)*	
To fold	folded	folded	Doblar
(tu fóuld)	*(fóuldid)*	*(fóuldid)*	
To follow	fallowed	fallowed	Seguir
(tu fólou)	*(fóloud)*	*(fóloud)*	
To forecast	forecasted	forecasted	Predecir
(tu fórcaast)	*(fórcaastid)*	*(fórcaastid)*	
To free	freed	freed	Libertar
(tu frii)	*(friid)*	*(friid)*	
To fry	fried	fried	Freír
(tu frái)	*(fráid)*	*(fráid)*	
To fulfill	fulfilled	fulfilled	Cumplir
(tu fulfíl)	*(fulfíld)*	*(fulfíld)*	
To gain	gained	gained	Ganar
(tu guéin)	*(guéind)*	*(guéind)*	
To gather	gathered	gathered	Recoger
(tu gáder)	*(gáderd)*	*(gáderd)*	
To grant	granted	granted	Conceder
(tu graant)	*(gráantid)*	*(gráantid)*	

Infinitivo	Pasado	Participio pasado	Significado (infinitivo)
To greet *(tu grit)*	**greeted** *(gríitid)*	**greeted** *(gríitid)*	**Saludar**
To grip *(tu grip)*	**gripped** *(gript)*	**gripped** *(gript)*	**Agarrar**
To hang *(tu jang)*	**hanged** *(jancht)*	**hanged** *(jancht)*	**Colgar**
To happen *(tu jápen)*	**happened** *(jápend)*	**happened** *(jápend)*	**Acontecer**
To hate *(tu jéit)*	**hated** *(jéitid)*	**hated** *(jéitid)*	**Odiar**
To heat *(tu jiit)*	**heated** *(jíitid)*	**heated** *(jíitid)*	**Calentar**
To help *(tu jelp)*	**helped** *(jelpt)*	**helped** *(jelpt)*	**Ayudar**
To honor *(tu ónor)*	**honored** *(ónord)*	**honored** *(ónord)*	**Honrar**
To imitate *(tu ímiteit)*	**imitated** *(ímiteitid)*	**imitated** *(ímiteitid)*	**Imitar**
To improbe *(tu imprúuv)*	**improved** *(imprúuvd)*	**improved** *(imprúuvd)*	**Mejorar**
To increase *(tu íncriis)*	**increased** *(íncriist)*	**increased** *(íncriist)*	**Aumentar**
To indicate *(tu índikeit)*	**indicated** *(índikeitid)*	**indicated** *(índikeitid)*	**Indicar**
To inform *(tu infórm)*	**informed** *(infórmd)*	**informed** *(infórmd)*	**Informar**
To inquire *(tu incuáir)*	**inquired** *(incuáird)*	**inquired** *(incuáird)*	**Preguntar, inquirir**
To invite *(tu inváit)*	**invited** *(inváitid)*	**invited** *(inváitid)*	**Invitar**
To jest *(tu yest)*	**jested** *(yéstid)*	**jested** *(yéstid)*	**Bromear**
To join *(tu yóin)*	**joined** *(yóind)*	**joined** *(yóind)*	**Juntar, unir**
To judge *(tu yádcht)*	**judged** *(yádcht)*	**judged** *(yádcht)*	**Juzgar**

Infinitivo	Pasado	Participio pasado	Significado (infinitivo)
To jump *(tu yamp)*	jumped *(yampt)*	jumped *(yampt)*	Saltar
To kill *(tu kil)*	killed *(kild)*	killed *(kild)*	Matar
To kiss *(tu kis)*	kissed *(kist)*	kissed *(kist)*	Besar
To knock *(tu noc)*	knocked *(noct)*	knocked *(noct)*	Golpear
To laugh *(tu laaf)*	laughed *(laaft)*	laughed *(laaft)*	Reír
To lean *(tu liin)*	leaned *(liind)*	leaned *(liind)*	Apoyar-se
To learn *(tu lern)*	learned *(lernd)*	learned *(lernd)*	Aprender
To lie *(tu lái)*	lied *(láid)*	lied *(láid)*	Mentir, yacer
To light *(tu láit)*	lighted *(láitid)*	lighted *(láitid)*	Encender
To like *(tu láic)*	liked *(láict)*	liked *(láict)*	Gustar
To listen *(tu lísen)*	listened *(lísend)*	listened *(lísend)*	Escuchar
To live *(tu liv)*	lived *(livd)*	lived *(livd)*	Vivir
To load *(tu lóud)*	loaded *(lóudid)*	loaded *(lóudid)*	Cargar
To look *(tu luc)*	looked *(luct)*	looked *(luct)*	Mirar
To love *(tu lav)*	loved *(lavd)*	loved *(lavd)*	Amar
To marry *(tu méri)*	married *(mérid)*	married *(mérid)*	Casar, casarse
To mend *(to mend)*	mended *(méndid)*	mended *(méndid)*	Componer
To move *(tu muv)*	moved *(muvd)*	moved *(muvd)*	Mover

Infinitivo	Pasado	Participio pasado	Significado (infinitivo)
To name *(tu néim)*	named *(néimd)*	named *(néimd)*	Nombrar
To need *(tu niid)*	needed *(níidid)*	needed *(níidid)*	Necesitar
To obey *(tu obéi)*	obeyed *(obéid)*	obeyed *(obéid)*	Obedecer
To occupy *(tu ókiopai)*	occupied *(ókiupaid)*	occupied *(ókiupaid)*	Ocupar
To occur *(tu okér)*	occurred *(okérd)*	occurred *(okérd)*	Ocurrir
To offer *(tu ófer)*	offered *(óferd)*	offered *(óferd)*	Ofrecer
To open *(tu óupen)*	opened *(óupend)*	opened *(óupend)*	Abrir
To order *(tu órder)*	ordered *(órderd)*	ordered *(órderd)*	Ordenar
To owe *(tu óu)*	owed *(óud)*	owed *(óud)*	Deber
To pack *(tu pac)*	packed *(pact)*	packed *(pact)*	Empacar
To pardon *(tu párdon)*	pardoned *(párdond)*	pardoned *(párdond)*	Perdonar
To permit *(tu permít)*	permited *(permítid)*	permited *(permítid)*	Permitir
To pick *(tu pic)*	picked *(pict)*	picked *(pict)*	Recoger
To place *(tu pléis)*	placed *(pléist)*	placed *(pléist)*	Colocar
To play *(tu pléi)*	played *(pléid)*	played *(pléid)*	Jugar
To pray *(tu préi)*	prayed *(préid)*	prayed *(préid)*	Orar, rogar (a Dios)
To preserve *(tu prisérv)*	preserved *(prisérvd)*	preserved *(prisérvd)*	Preservar
To procure *(tu prokiór)*	procured *(prokiórd)*	procured *(prokiórd)*	Procurar

Infinitivo	Pasado	Participio pasado	Significado (infinitivo)
To produce *(tu prodiús)*	produced *(prodiúst)*	produced *(prodiúst)*	Producir
To pull *(tu pul)*	pulled *(puld)*	pulled *(puld)*	Halar, tirar
To push *(tu push)*	pushed *(pusht)*	pushed *(pusht)*	Empujar
To rain *(tu réin)*	rained *(réind)*	rained *(réind)*	Llover
To raise *(tu réis)*	raised *(réist)*	raised *(réist)*	Levantar
To rap *(tu rap)*	rapped *(rapt)*	rapped *(rapt)*	Arrebatar
To reach *(tu rich)*	reached *(rícht)*	reached *(rícht)*	Alcanzar
To recall *(tu ricól)*	recalled *(ricóld)*	recalled *(ricóld)*	Recordar
To receive *(tu risív)*	received *(risívd)*	received *(risívd)*	Recibir
To reduce *(tu ridiús)*	reduced *(ridiúst)*	reduced *(ridiúst)*	Reducir
To refer *(tu rifér)*	refered *(riférd)*	refered *(riférd)*	Referir
To remain *(tu riméin)*	remained *(riméind)*	remained *(riméind)*	Quedar, permanecer
To rent *(tu rent)*	rented *(réntid)*	rented *(réntid)*	Alquilar
To repeat *(tu ripít)*	repeated *(ripítid)*	repeated *(ripítid)*	Repetir
To represent *(tu réprisent)*	represented *(repriséntid)*	represented *(repriséntid)*	Representar
To rest *(tu rest)*	rested *(réstid)*	rested *(réstid)*	Descansar
To result *(tu risált)*	resulted *(risáltid)*	resulted *(risáltid)*	Resultar
To retire *(tu ritáier)*	retired *(ritáierd)*	retired *(ritáierd)*	Retirar

Infinitivo	Pasado	Participio pasado	Significado (infinitivo)
To return	**returned**	**returned**	**Regresar**
(tu ritérn)	*(ritérnd)*	*(ritérnd)*	
To rule	**ruled**	**ruled**	**Gobernar**
(tu ruul)	*(ruuld)*	*(ruuld)*	
To save	**saved**	**saved**	**Salvar, ahorrar**
(tu séiv)	*(séivd)*	*(séivd)*	
To separate	**separated**	**separated**	**Separar**
(tu sépereit)	*(sépereitid)*	*(sépereitid)*	
To serve	**served**	**served**	**Servir**
(tu serv)	*(servd)*	*(servd)*	
To sign	**signed**	**signed**	**Firmar, señalar**
(tu sáin)	*(sáind)*	*(sáind)*	
To smell	**smelled**	**smelled**	**Oler**
(tu smel)	*(smeld)*	*(smeld)*	
To smile	**smiled**	**smiled**	**Sonreír**
(tu smáil)	*(smáild)*	*(smáild)*	
To smoke	**smoked**	**smoked**	**Fumar**
(tu smóuc)	*(smóuct)*	*(smóuct)*	
To spell	**spelled**	**spelled**	**Deletrear**
(tu spel)	*(speld)*	*(speld)*	
To start	**started**	**started**	**Principiar**
(tu start)	*(stártid)*	*(stártid)*	
To stay	**stayed**	**stayed**	**Quedarse,**
(tu stéi)	*(stéid)*	*(stéid)*	**permanecer**
To stop	**stopped**	**stopped**	**Parar, cesar**
(tu stop)	*(stopt)*	*(stopt)*	
To study	**studied**	**studied**	**Estudiar**
(tu stádi)	*(stádid)*	*(stádid)*	
To suffer	**suffered**	**suffered**	**Sufrir**
(tu sáfer)	*(sáferd)*	*(sáferd)*	
To succeed	**succeeded**	**succeeded**	**Lograr**
(tu socsíd)	*(socsídid)*	*(socsídid)*	
To suppose	**supposed**	**supposed**	**Suponer**
(tu supóus)	*(supóust)*	*(supóust)*	

Infinitivo	Pasado	Participio pasado	Significado (infinitivo)
To surround	surrounded	surrounded	Rodear
(tu soráund)	*(soráundid)*	*(soráundid)*	
To sustain	sustained	sustained	Sostener
(tu sostéin)	*(sostéind)*	*(sostéind)*	
To talk	talked	talked	Hablar
(tu toc)	*(toct)*	*(toct)*	
To taste	tasted	tasted	Saborear, probar
(tu téist)	*(téistid)*	*(téistid)*	
To thank	thanked	thanked	Dar gracias
(tu zenc)	*(zenct)*	*(zenct)*	
To tie	tied	tied	Atar
(tu tái)	*(táid)*	*(táid)*	
To tire	tired	tired	Cansar
(tu táir)	*(táird)*	*(táird)*	
To touch	touched	touched	Tocar
(tu toch)	*(tocht)*	*(tocht)*	
To trade	traded	traded	Comerciar
(tu tréid)	*(tréidid)*	*(tréidid)*	
To translate	translated	translated	Traducir
(tu transléit)	*(transléitid)*	*(transléitid)*	
To trust	trusted	trusted	Confiar
(tu trast)	*(trástid)*	*(trástid)*	
To try	tried	tried	Probar
(tu trái)	*(tráid)*	*(tráid)*	
To use	used	used	Usar
(tu yus)	*(yusd)*	*(yusd)*	
To visit	visited	visited	Visitar
(tu vísit)	*(vísitid)*	*(vísitid)*	
To wait	waited	waited	Esperar
(tu uéit)	*(uéitid)*	*(uéitid)*	
To walk	walked	walked	Caminar
(tu uóc)	*(uóct)*	*(uóct)*	
To want	wanted	wanted	Querer
(tu uónt)	*(uóntid)*	*(uóntid)*	

D.1.1) Instructivo de *pronunciación* de la terminación "ed" (que resulta al agregar "d" o "ed" a sus raíces) para pasados y participios pasados de verbos regulares

A) La terminación "ed" se pronuncia como *(t)* cuando está después de consonantes cuyos sonidos **no suenan en la garganta**, y son: "f", "k" o "c", "p", "s", "sh" y "ch".

Ejemplos:
1. **To laugh**
(tu laaf)
Reír
Pasado: **laughed** *(laaft)*
Participio pasado: **laughed** *(laaft)*
2. **To walk**
(tu uóc)
Caminar
Pasado: **walked** *(uóct)*
Participio pasado: **walked** *(uóct)*

3. **To stop**
(tu stop)
Parar, cesar
Pasado: **stopped** *(stopt)*
Participio pasado: **stopped** *(stopt)*

4. **To dance**
(tu dans)
Bailar, danzar
Pasado: danced *(danst)*
Participio pasado: danced *(danst)*

5. To finish
(tu fínish)
Finalizar
Pasado: finished *(fínisht)*
Participio pasado: finished *(fínisht)*

6. To touch
(tu toch)
Tocar
Pasado: touched *(tocht)*
Participio pasado: touched *(tocht)*

B) La terminación "ed" se pronuncia como *(d)* cuando está después de consonantes o vocales cuyos sonidos **sí suenan en la garganta.**

Ejemplos:
1. To explain
(tu ekspléin)
Explicar
Pasado: explained *(ekspléind)*
Participio pasado: explained *(ekspléind)*

2. To live
(tu liv)
Vivir
Pasado: lived *(livd)*
Participio pasado: lived *(livd)*

3. To follow
(tu fólou)
Seguir
Pasado: followed *(fóloud)*
Participio pasado: followed *(fóloud)*

4. To smell
(tu smel)
Oler
Pasado: smelled *(smeld)*
Participio pasado: smelled *(smeld)*

5. To order
(tu órder)
Ordenar
Pasado: ordered *(órderd)*
Participio pasado: ordered *(órderd)*

C) La terminación "ed" se pronuncia *(id)* cuando está **después** de las letras **"t"** y **"d"**.

Ejemplos:
1. To want
(tu uónt)
Querer
Pasado: wanted *(uóntid)*
Participio pasado: wanted *(uóntid)*

2. To rent
(tu rent)
Alquilar
Pasado: rented *(réntid)*
Participio pasado: rented *(réntid)*

3. To invite
(tu inváit)
Invitar
Pasado: invited *(inváitid)*
Participio pasado: invited *(inváitid)*

4. **To need**
(tu niid)
Necesitar
Pasado: need_ed_ *(níid_id_)*
Participio pasado: need_ed_ *(níid_id_)*

5. **To add**
(tu ad)
Agregar
Pasado: add_ed_ *(ád_id_)*
Participio pasado: add_ed_ *(ád_id_)*

d.2) Verbos irregulares

Infinitivo	Pasado	Participio pasado	Significado (infinitivo)
To abide	abode	abode	**Habitar, morar**
(tu abáid)	*(abóud)*	*(abóud)*	
To arise	arose	arisen	**Levantarse**
(tu aráiss)	*(aráuss)*	*(aráissen)*	
To awake	awoke	awoken	**Despertarse**
(tu ewéic)	*(ewóuc)*	*(ewóuken)*	
To be	**was, were**	**been**	**Ser o estar**
(tu bi)	*(uóss, uér)*	*(biin)*	
To bear	bore	born	**Dar a luz**
(tu bear)	*(bor)*	*(born)*	
To bear	bore	borne	**Soportar, mantener**
(tu bear)	*(bor)*	*(born)*	
To beat	beat	beat, beaten	**Pegar, batir**
(tu biit)	*(biit)*	*(biit, bíiten)*	
To become	became	become	**Convertirse, llegar a ser**
(tu bicom)	*(bikéim)*	*(bicom)*	
To beget	begot	begotten	**Engendrar, producir**
(tu biguét)	*(bigót)*	*(bigóten)*	

Infinitivo	Pasado	Participio pasado	Significado (infinitivo)
To begin	began	begun	Empezar
(tu biguín)	*(biguén)*	*(bigán)*	
To behold	beheld	beheld	Contemplar
(tu bijóuld)	*(bijéld)*	*(bijéld)*	
To bend	bent	bent	Doblar
(tu bend)	*(bent)*	*(bent)*	
To bereave	bereft, bereaved	bereft, bereaved	Privar, despojar
(tu birív)	*(biréft, birívd)*	*(biréft, birívd)*	
To beseech	besought, beseeched	besought, beseeched	Suplicar
(tu bisíich)	*(bisót, bisíicht)*	*(bisót, bisíicht)*	
To beset	beset	beset	Acosar, sitiar
(tu bisét)	*(bisét)*	*(bisét)*	
To bet	bet	bet	Apostar
(tu bet)	*(bet)*	*(bet)*	
To bid	bid, bade	bid, bidden	Ofrecer
(tu bid)	*(bid, béid)*	*(bid, bíden)*	
To bind	bound	bound	Atar, encuadernar
(tu báind)	*(báund)*	*(báund)*	
To bite	bit	bit, bitten	Morder
(tu bait)	*(bit)*	*(bit, bíten)*	
To bleed	bled	bled	Sangrar
(tu blid)	*(bled)*	*(bled)*	
To blow	blew	blown	Soplar
(tu blóu)	*(bliú)*	*(blóun)*	
To break	broke	broken	Romper
(tu bréic)	*(bróuc)*	*(bróuken)*	
To breed	bred	bred	Engendrar, criar
(tu brid)	*(bred)*	*(bred)*	
To bring	brought	brought	Traer
(tu bring)	*(brot)*	*(brot)*	
To broadcast	broadcast	broadcast	Difundir
(tu bródcast)	*(bródcast)*	*(bródcast)*	
To build	built	built	Construir
(tu bild)	*(bilt)*	*(bilt)*	

Infinitivo	Pasado	Participio pasado	Significado (infinitivo)
To burn	burnt, burned	burnt, burned	Quemar-se
(tu bern)	(bernt, bernd)	(bernt, bernd)	
To burst	burst	burst	Reventar
(tu berst)	(berst)	(berst)	
To buy	bought	bought	Comprar
(tu bái)	(bot)	(bot)	
To cast	cast	cast	Tirar, arrojar
(tu cast)	(cast)	(cast)	
To catch	caught	caught	Coger, alcanzar
(tu catch)	(cot)	(cot)	
To chide	chid	chidden	Regañar
(tu cháid)	(chid)	(chíden)	
To choose	chose	chosen	Escoger
(tu chuuss)	(chóuss)	(chóussen)	
To cleave	cleft, cleaved	cleft, cleaved	Hender, rajar
(tu cliv)	(cleft, clivd)	(cleft, clivd)	
To cling	clung	clung	Agarrarse,
(tu cling)	(clang)	(clang)	adherirse
To clothe	clad, clothed	clad, clothed	Vestir
(tu clóud)	(clad, clouded)	(clad, clouded)	
To come	came	come	Venir
(tu com)	(kéim)	(com)	
To cost	cost	cost	Costar
(tu cost)	(cost)	(cost)	
To creep	crept	crept	Arrastrarse
(tu crip)	(crept)	(crept)	
To crow	crew, crowed	crowed	Cantar del gallo
(tu cróu)	(cruu, cróud)	(cróud)	
To cut	cut	cut	Cortar
(tu cat)	(cat)	(cat)	
To dare	durst	durst	Atreverse
(tu déer)	(derst)	(derst)	
To deal	dealt	dealt	Traficar
(tu dil)	(delt)	(delt)	
To dig	dug	dug	Cavar
(tu dig)	(dag)	(dag)	

Infinitivo	Pasado	Participio pasado	Significado (infinitivo)
To do	**did**	**done**	Hacer
(tu du)	*(did)*	*(dan)*	
To draw	**drew**	**drawn**	Extraer, sacar,
(tu droo)	*(druu)*	*(droon)*	dibujar
To dream	**dreamt, dreamed**	**dreamt, dreamed**	Soñar
(tu driim)	*(driimt, driimd)*	*(driimt, driimd)*	
To drink	**drank**	**drunk**	Beber
(tu drinc)	*(drenc)*	*(dranc)*	
To drive	**drove**	**driven**	Conducir,
(tu dráiv)	*(dróuv)*	*(dríven)*	manejar
To dwell	**dwelt, dwelled**	**dwelt, dwelled**	Habitar
(tu duél)	*(duélt, duéld)*	*(duélt, duéld)*	
To eat	**ate**	**eaten**	Comer
(tu it)	*(éit)*	*(íten)*	
To fall	**fell**	**fallen**	Caer
(tu fool)	*(fel)*	*(fóolen)*	
To feed	**fed**	**fed**	Alimentar
(tu fiid)	*(fed)*	*(fed)*	
To feel	**felt**	**felt**	Sentir
(tu fiil)	*(felt)*	*(felt)*	
To fight	**fought**	**fought**	Pelear, combatir
(tu fáit)	*(fot)*	*(fot)*	
To find	**found**	**found**	Encontrar, hallar
(tu fáind)	*(fáund)*	*(fáund)*	
To flee	**fled**	**fled**	Huir, escapar
(tu fli)	*(fled)*	*(fled)*	
To fling	**flung**	**flung**	Lanzar
(tu fling)	*(flang)*	*(flang)*	
To fly	**flew**	**flown**	Volar
(tu flái)	*(fliú)*	*(flóun)*	
To forbid	**forbade**	**forbidden**	Prohibir
(tu forbíd)	*(forbéd)*	*(forbíden)*	
To forget	**forgot**	**forgotten**	Olvidar
(tu forguét)	*(forgót)*	*(forgóten)*	

Infinitivo	Pasado	Participio pasado	Significado (infinitivo)
To forgive (tu forguív)	forgave (forguéiv)	forgiven (forguíven)	Perdonar
To forsake (tu forséic)	forsook (forsúc)	forsaken (forséiken)	Abandonar
To freeze (tu friiss)	froze (fróuss)	frozen (fróussen)	Helar, congelar
To get (tu guet)	got (got)	got, gotten (got, góten)	Conseguir, llegar
To gild (tu guild)	gilt, gilded (guilt, guíldid)	gilt, gilded (guilt, guíldid)	Dorar
To gird (tu guerd)	girt, girded (guert, guérdid)	girt, girded (guert, guérdid)	Ceñir, cercar
To give (tu guiv)	gave (guéiv)	given (guíven)	Dar
To go (tu góu)	went (uént)	gone (gon)	Ir
To grave (tu gréiv)	graved (gréivd)	graven (gréiven)	Grabar
To grind (tu gráind)	ground (gráund)	ground (gráund)	Moler
To grow (tu gróu)	grew (gru)	grown (gróun)	Crecer
To hang (tu jeng)	hung, hanged (jang, jencht)	hung, hanged (jang, jencht)	Colgar
To have (tu jav)	had (jad)	had (jad)	Haber, tener
To hear (tu jíer)	heard (jerd)	heard (jerd)	Oír
To heave (tu jiv)	hove, heaved (jóuv, jóuvd)	hove, heaved (jóuv, jóuvd)	Alzar, levantar
To hew (tu jiú)	hewed (jiúd)	hewn (jiún)	Leñar, cortar, picar
To hide (tu jáid)	hid (jid)	hid, hidden (jid, jíden)	Esconder-se, ocultar-se
To hit (tu jit)	hit (jit)	hit (jit)	Pegar, golpear

Infinitivo	Pasado	Participio pasado	Significado (infinitivo)
To hold	**held**	**held**	**Agarrar, sostener,**
(tu jóuld)	*(jeld)*	*(jeld)*	**asir, contener**
To hurt	**hurt**	**hurt**	**Doler, dañar,**
(tu jort)	*(jort)*	*(jort)*	**herir, lastimar**
To keep	**kept**	**kept**	**Conservar,**
(tu kiip)	*(kept)*	*(kept)*	**mantener, guardar**
To kneel	**knelt**	**knelt**	**Arrodillarse**
(tu niil)	*(nelt)*	*(nelt)*	
To knit	**knit, knitted**	**knit, knitted**	**Tejer**
(tu nit)	*(nit, nítid)*	*(nit, nítid)*	
To know	**knew**	**known**	**Saber, conocer**
(tu nóu)	*(niú)*	*(nóun)*	
To lade	**laded**	**laden**	**Cargar**
(tu léid)	*(léidid)*	*(léidin)*	
To lay	**laid**	**laid**	**Poner, colocar**
(tu léi)	*(led)*	*(led)*	
To lead	**led**	**led**	**Dirigir, guiar,**
(tu lid)	*(led)*	*(led)*	**regir**
To lean	**leant, leaned**	**leant, leaned**	**Apoyar-se,**
(tu lin)	*(lint, lind)*	*(lint, lind)*	**inclinar-se**
To leap	**leapt, leaped**	**leapt, leaped**	**Saltar, brincar**
(tu lip)	*(lipt, lipt)*	*(lipt, lipt)*	
To learn	**learnt, learned**	**learnt, learned**	**Aprender**
(tu lern)	*(lernt, lernd)*	*(lernt, lernd)*	
To leave	**left**	**left**	**Salir, dejar**
(tu liv)	*(left)*	*(left)*	
To lend	**lent**	**lent**	**Prestar**
(tu lend)	*(lent)*	*(lent)*	
To let	**let**	**let**	**Permitir, dejar**
(tu let)	*(let)*	*(let)*	
To lie	**lay**	**lain**	**Mentir, yacer**
(tu lái)	*(léi)*	*(léin)*	
To light	**lit, lighted**	**lit, lighted**	**Encender,**
(tu láit)	*(lit, láitid)*	*(lit, láitid)*	**alumbrar**
To lose	**lost**	**lost**	**Perder-se**
(tu luss)	*(lost)*	*(lost)*	

Infinitivo	Pasado	Participio pasado	Significado (infinitivo)
To make	made	made	Hacer, fabricar,
(tu méic)	*(méid)*	*(méid)*	ganar, obligar
To mean	meant	meant	Significar,
(tu miin)	*(ment)*	*(ment)*	querer decir
To meet	met	met	Conocer-se,
(tu miit)	*(met)*	*(met)*	encontrar-se
To mistake	mistook	mistaken	Equivocar,
(tu mistéic)	*(mistúc)*	*(mistéiken)*	confundir
To mow	mowed	mown	Segar, guadañar
(tu móu)	*(móud)*	*(móun)*	
To pass	passed	passed, past	Pasar, traspasar
(tu paas)	*(paast)*	*(paast, past)*	
To pay	paid	paid	Pagar
(tu péi)	*(péid)*	*(péid)*	
To pen	pent, penned	pent, penned	Encerrar, escribir
(tu pen)	*(pent, pend)*	*(pent, pend)*	
To plead	pled, pleaded	pled, pleaded	Abogar, suplicar,
(tu pliid)	*(pled, plíidid)*	*(pled, plíidid)*	argumentar
To prove	proved	proved, proven	Probar,
(tu pruuv)	*(pruuvd)*	*(pruuvd, prúuven)*	comprobar
To put	put	put	Poner
(tu put)	*(put)*	*(put)*	
To quit	quit, quitted	quit, quitted	Desistir,
(tu kuít)	*(kuít, kuítid)*	*(kuít, kuítid)*	dejar de hacer
To read	read	read	Leer
(tu riid)	*(red)*	*(red)*	
To reave	reft	reft	Arrebatar,
(tu riv)	*(reft)*	*(reft)*	quitar, saquear
To rend	rent	rent	Rasgar, romper
(tu rend)	*(rent)*	*(rent)*	
To rid	rid, ridded	rid, ridded	Librar, zafar
(tu rid)	*(rid, rídid)*	*(rid, rídid)*	
To ride	rode	ridden	Montar, cabalgar
(tu ráid)	*(róud)*	*(ríden)*	

Infinitivo	Pasado	Participio pasado	Significado (infinitivo)
To ring *(tu ring)*	rang *(reng)*	rung *(rang)*	Sonar, tocar
To rise *(tu ráiss)*	rose *(róuss)*	risen *(ríssen)*	Levantarse
To rive *(tu ráiv)*	rived *(ráivd)*	rived, riven *(ráivd, ríven)*	Rajarse, henderse
To run *(tu ran)*	ran *(ren)*	run *(ran)*	Correr
To saw *(tu soo)*	sawed *(sood)*	sawed, sawn *(sood, soon)*	Aserrar
To say *(tu séi)*	said *(sed)*	said *(sed)*	Decir
To see *(tu sii)*	saw *(soo)*	seen *(siin)*	Ver
To seek *(tu siic)*	sought *(soot)*	sought *(soot)*	Buscar, intentar, procurar
To seethe *(tu siidz)*	sod *(sod)*	sodden *(sóden)*	Hervir, cocer
To sell *(tu sel)*	sold *(sóuld)*	sold *(sóuld)*	Vender
To send *(tu send)*	sent *(sent)*	sent *(sent)*	Enviar
To set *(tu set)*	set *(set)*	set *(set)*	Poner, fijar
To sew *(tu sóu)*	sewed *(sóud)*	sewed, sewn *(sóud, sóun)*	Coser
To shake *(tu shéic)*	shook *(shuc)*	shaken *(shéiken)*	Sacudir, agitar
To shape *(tu shéip)*	shaped *(shéipt)*	shaped, shapen *(shéipt, shéipen)*	Configurar, dar forma
To shave *(tu shéiv)*	shaved *(shéivd)*	shaved, shaven *(shéivd, shéiven)*	Afeitar
To shear *(tu shíer)*	shore, sheared *(shoor, shíerd)*	shorn, sheared *(shorn, shíerd)*	Esquilar, atusar

Infinitivo	Pasado	Participio pasado	Significado (infinitivo)
To shed	shed	shed	Desvestirse,
(tu shed)	(shed)	(shed)	derramar, verter
To shine	shone, shined	shone	Brillar
(tu sháin)	(shon, sháind)	(shon)	
To shoe	shod	shod	Calzar (personas),
(tu shuu)	(shod)	(shod)	herrar (caballos)
To shoot	shot	shot	Disparar, tirar
(tu shuut)	(shot)	(shot)	
To show	showed	showed, shown	Enseñar, mostrar
(tu shóu)	(shóud)	(shóud, shóun)	
To shred	shred, shredded	shred, shredded	Desmenuzar
(tu shred)	(shred, shrédid)	(shred, shrédid)	
To shrink	shrank	shrunk	Encogerse
(tu shringc)	(shrengc)	(shrangc)	
To shrive	shrove, shrived	shriven, shrived	Confesar
(tu shráiv)	(shróuv, shráivd)	(shríven, shráivd)	
To shut	shut	shut	Cerrar
(tu shat)	(shat)	(shat)	
To sink	sank	sunk	Hundir-se,
(tu singc)	(sengc)	(sangc)	sumergir-se
To sit	sat	sat	Sentarse
(tu sit)	(sat)	(sat)	
To slay	slew	slain	Matar, asesinar
(tu sléi)	(sluu)	(sléin)	
To sleep	slept	slept	Dormir
(tu sliip)	(slept)	(slept)	
To slide	slid	slid	Deslizar, resbalar
(tu sláid)	(slid)	(slid)	
To sling	slung	slung	Lanzar, balancear
(tu sling)	(slang)	(slang)	
To slink	slunk	slunk	Esquivarse
(tu slingc)	(slangc)	(slangc)	
To slit	slit	slit	Rajar, hender
(tu slit)	(slit)	(slit)	

Infinitivo	Pasado	Participio pasado	Significado (infinitivo)
To smell *(tu smel)*	smelt, smelled *(smelt, smeld)*	smelt, smelled *(smelt, smeld)*	Oler, olfatear
To smite *(tu smáit)*	smote *(smóut)*	smitten *(smíten)*	Golpear
To sow *(tu sóu)*	sowed *(sóud)*	sowed, sown *(sóud, sóun)*	Sembrar
To speak *(tu spiic)*	spoke *(spóuc)*	spoken *(spóuken)*	Hablar
To speed *(tu spiid)*	sped, speeded *(sped, spíidid)*	sped, speeded *(sped, spíidid)*	Apresurarse
To spell *(tu spel)*	spelt, spelled *(spelt, speld)*	spelt, spelled *(spelt, speld)*	Deletrear
To spend *(tu spend)*	spent *(spent)*	spent *(spent)*	Gastar
To spill *(tu spil)*	spilt, spilled *(spilt, spild)*	spilt, spilled *(spilt, spild)*	Derramar
To spin *(tu spin)*	span, spun *(spen, span)*	spun *(span)*	Hilar, girar
To spit *(tu spit)*	spat *(spet)*	spat *(spet)*	Escupir
To spoil *(tu spóil)*	spoilt, spoiled *(spoilt, spóild)*	spoilt, spoiled *(spoilt, spóild)*	Dañar, arruinar
To spread *(tu spred)*	spread *(spred)*	spread *(spred)*	Extender, esparcir, untar
To spring *(tu spring)*	sprang *(spreng)*	sprung *(sprang)*	Saltar, brotar
To stand *(tu stand)*	stood *(stud)*	stood *(stud)*	Estar situado, hallarse
To stave (tu stéiv)	stove, staved (stóuv, stéivd)	stove, staved (stóuv, stéivd)	Hundir, desfondar
To steal *(tu stiil)*	stole *(stóul)*	stolen *(stóulen)*	Robar
To stick *(tu stic)*	stuck *(stac)*	stuck *(stac)*	Pegar, adherir, clavar, pinchar

Infinitivo	Pasado	Participio pasado	Significado (infinitivo)
To sting (tu sting)	stung (stang)	stung (stang)	Picar, pinchar, estimular, incitar
To stink (tu stingc)	stank, stunk (stengc, stangc)	stunk (stangc)	Heder, apestar
To strew (tu struu)	strewed (struud)	strewed, strewn (struud, struun)	Esparcir, diseminar
To stride (tu stráid)	strode (stróud)	stridden (stríden)	Andar a pasos largos
To strike (tu stráic)	struck (strac)	struck, stricken (strac, stríken)	Golpear, pegar
To string (tu string)	strung (strang)	strung (strang)	Enhebrar, ensartar
To strive (tu stráiv)	strove (stróuv)	striven (striven)	Esforzarse
To swear (tu suéer)	swore (suóor)	sworn (suóorn)	Jurar
To sweat (tu suét)	sweat, sweated (suét, suétid)	sweat, sweated (suét, suétid)	Sudar, transpirar
To sweep (tu suíip)	swept (suépt)	swept (suépt)	Barrer
To swell (tu suél)	swelled (suéld)	swelled, swollen (suéld, suóulen)	Hincharse, inflar
To swim (tu suím)	swam (suém)	swum (suám)	Nadar
To swing (tu suing)	swun (suán)	swun (suán)	Mecer, balancear
To take (tu téic)	took (tuc)	taken (téiken)	Tomar
To teach (tu tiich)	taught (toot)	taught (toot)	Enseñar
To tear (tu téar)	tore (toor)	torn (toorn)	Rasgar, romper
To tell (tu tel)	told (tóuld)	told (tóuld)	Decir

Infinitivo	Pasado	Participio pasado	Significado (infinitivo)
To think *(tu zinc)*	**thought** *(zoot)*	**thought** *(zoot)*	Pensar
To thrive *(tu zráiv)*	**throve, thrived** *(zróuv, zráivd)*	**thriven, thrived** *(zríven, zráivd)*	Prosperar
To throw *(tu zróu)*	**threw** *(zruu)*	**thrown** *(zróun)*	Echar, arrojar, lanzar
To thrust *(tu zrast)*	**thrust** *(zrast)*	**thrust** *(zrast)*	Empujar, meter a la fuerza
To tread *(tu tred)*	**trod** *(trod)*	**trod, trodden** *(trod, tróden)*	Pisar, pisotear
To understand *(tu anderstánd)*	**understood** *(anderstúd)*	**understood** *(anderstúd)*	Entender, comprender
To undertake *(tu andertéic)*	**undertook** *(andertúc)*	**undertaken** *(andertéiken)*	Emprender
To undo *(tu andúu)*	**undid** *(andíd)*	**ondone** *(andán)*	Deshacer, desatar
To uphold *(tu apjóuld)*	**upheld** *(apjéld)*	**upheld** *(apjéld)*	Apoyar, sostener
To wake *(tu uéic)*	**woke** *(uóuc)*	**waken** *(uóuken)*	Despertar, amanecer
To weave *(tu wiiv)*	**wove** *(wóuv)*	**woven** *(wóuven)*	Tejer
To wed *(tu uéd)*	**wedded** *(uédid)*	**wedded, wed** *(uédid, uéd)*	Casar-se
To weep *(tu wiip)*	**wept** *(wept)*	**wept** *(wept)*	Llorar
To wet *(tu uét)*	**wet, wetted** *(uét, uétid)*	**wet, wetted** *(uét, uétid)*	Mojar, humedecer
To win *(tu uín)*	**won** *(uán)*	**won** *(uán)*	Ganar
To wind *(tu uáind)*	**wound** *(uánd)*	**wound** *(uánd)*	Envolver, enrollar
To withdraw *(tu uidzdróo)*	**withdrew** *(uidzrúu)*	**withdrawn** *(uidzdróon)*	Retirarse, apartarse

Infinitivo	Pasado	Participio pasado	Significado (infinitivo)
To withhold *(tu uizjóuld)*	withheld *(uizjéld)*	withheld *(uizjéld)*	Impedir, retener
To withstand *(tu uidzstánd)*	withstood *(uidzstúd)*	withstood *(uidzstúd)*	Oponer, resistir
To wring *(tu ring)*	wrung *(rang)*	wrung *(rang)*	Torcer
To write *(tu ráit)*	wrote *(róut)*	written *(ríten)*	Escribir

Índice